NEW INFRASTRUCTURE NEW PROFIT NEW OPPORTUNITY

新基建 新红利 新机遇

梁海明 洪为民 洪雯 著

西南财经大学出版社

中国 · 成都

图书在版编目(CIP)数据

新基建 新红利 新机遇/梁海明,洪为民,洪雯著.—成都:
西南财经大学出版社,2020.11
ISBN 978-7-5504-4626-7

Ⅰ.①新… Ⅱ.①梁…②洪…③洪… Ⅲ.①基础设施
建设—研究—中国 Ⅳ.①F299.24

中国版本图书馆 CIP 数据核字(2020)第 211163 号

新基建 新红利 新机遇

XIN JIJIAN XIN HONGLI XIN JIYU

梁海明 洪为民 洪雯 著

总 策 划:李玉斗
策划编辑:王正好
责任编辑:周晓琬
助理编辑:肖翀
封面设计:摘星辰·Diou
责任印制:朱曼丽

出版发行	西南财经大学出版社(四川省成都市光华村街 55 号)
网 址	http://www.bookcj.com
电子邮件	bookcj@foxmail.com
邮政编码	610074
电 话	028-87353785
照 排	四川胜翔数码印务设计有限公司
印 刷	四川新财印务有限公司
成品尺寸	165mm×230mm
印 张	8
字 数	268 千字
版 次	2020 年 11 月第 1 版
印 次	2020 年 11 月第 1 次印刷
书 号	ISBN 978-7-5504-4626-7
定 价	49.80 元

序一　中国新基建：创造未来投资、产业、消费新机遇

2020 年是一个关键的时间节点，是中国诸多中长期发展规划的重大里程碑和承上启下的连接点，国家“十三五”规划在这一年完美收官。从 2021 年开始，中国进入“十四五”规划的新征程。2020 年也是中国“两个一百年”奋斗目标中的第一个一百年，我们要在这一年实现国内生产总值和城乡居民人均收入比 2010 年翻一番、全面消灭贫困、全面建成小康社会的宏伟目标，为中国迈入新的发展阶段奠定坚实的基础。

同时，2020 年对中国及全世界而言，也是波折、坎坷的一年。突如其来的新冠肺炎疫情肆虐全球，交通、消费、贸易、供应链被突然打断，带来的冲击远超 2008 年全球金融危机，全球经济的发展受到极大影响。这场灾难何时结束，此刻尚难预测。现在能确定的是，在后疫情时代，很多旧的思维、路径、模式已经开始被淘汰。

作为较早经历此次疫情的国家，中国比其他国家经济受影响得更早。中国国家统计局的数据显示，2020 年第一季度国内生产总值同比

下降 6.8%，固定资产投资同比下降 16.1%，民间投资同比下降 18.8%，基础设施投资同比下降 19.7%，制造业投资同比下降 25.2%，房地产开发投资同比下降 7.7%。要实现疫后经济的复苏，并长远推动经济增长质量的提升和产业结构的升级，中国必须果断拿出方案并付诸行动。

于是，"新基建"成为中国经济的热点词语和投资领域的"头号目标"。2020 年 2 月 21 日召开的中共中央政治局会议在部署统筹做好疫情防控和经济社会发展工作时，强调"发挥好有效投资关键作用，加大新投资项目开工力度……推动生物医药、医疗设备、5G 网络、工业互联网等加快发展"。2020 年 3 月 4 日，中共中央政治局常务委员会召开会议，研究当前遵守新冠肺炎疫情防控和稳定经济社会运行重点工作，会议强调"加快推进国家规划已明确的重大工程和基础设施建设""要加大公共卫生服务、应急物资保障领域投入，加快 5G 网络、数据中心等新型基础设施建设进度"。至此，"新型基础设施建设"，即"新基建"的概念正式进入公众视野，引发社会广泛关注和讨论。

新基建是面向科技前沿和新兴产业的大型科技基础设施建设。在初期，各界对新基建的理解较为具体、狭义，常见的说法是新基建包括 5G 基建及应用、大数据中心、人工智能、工业互联网、城际高速铁路和城际轨道交通、新能源汽车充电桩、特高压七个领域。后来，国家发展和改革委员会将这个定义进行了扩展，指出新基建是支撑国家经济数字化转型、智能升级、融合创新的硬性和软性设施建设，其范围远超之前定义的七个领域。可以肯定的是，新基建基本上就是数字基建，是数字经济时代社会经济运行的支撑。

2008 年全球金融危机之后，中国出台“四万亿计划”；2020 年新冠肺炎疫情之时，“新基建”初露峥嵘。这两者最重要的不同就是，2008 年的“四万亿计划”是全球金融危机后中国进一步扩大内需、促进经济增长的措施，而“新基建”具有时代特征，虽然在 2020 年新冠肺炎疫情时进入公众视野，但符合中国经济长期转型的方向。

事实上，新基建的出台经历了长达数年的发展过程。在建设创新型国家的战略下，在持续推进供给侧结构性改革、提升经济发展质量和效益的目标下，以及在中美两国博弈的背景下，建设面向全球科技前沿、助力中国实现领跑全球科技创新的新型基础设施，是中国实现新旧动能转换的内在基础，是深思熟虑的长远宏观策略，并非因新冠肺炎疫情而出现的“急就章”。只不过，新冠肺炎疫情严重冲击了全球经济的发展，中国亦因此大大加快了新基建推出的进程，以此作为逆周期调节经济、对冲下行压力的重要手段之一。

人类的历史有很多个维度。其中，科技史有一个最为显著的特征，就是其发展延绵不绝。《全球科技通史》一书的作者吴军曾说，人类历史最精彩的部分是科技史，因为从时间维度上看，科技几乎是世界上唯一能够获得叠加性进步的力量，因此，它的发展是不断加速的。的确，其他如音乐、文学等领域的历史跌宕起伏，虽然总体趋势是向前的，但我们无法把各个时期的成就叠加起来，不能说现代音乐超越了古典音乐、今天的诗歌超越了唐诗宋词。但是，科技的发展却是一路向上的，今日的每一项科技成就，都站在昨日科技发展的肩膀上，也会成为未来科技实现突破的奠基石。人类历史上的每一次科技革命，都在经济和社会生活等方方面面引发了轰轰烈烈的变革，不仅是人类文明快速向前发展的推动器，也是人类生活环境得到巨大改善的直接动因。

今日，人类科技的发展又来到一个新的关口，新一轮以数字技术为主体的数字科技革命正拉开帷幕。一个无比广阔、有无数发展可能、曾出现在人类幻想中的数字化的世界，正变成现实。我们能在多大程度上参与、引领这个数字化的过程，决定了我们未来在这个数字化的世界中所能占据的位置。所以，我们必须构建一个能支撑数字化发展的、全方位的数字生态体系。新基建，便是这个数字生态体系中的一个重要支柱，是中国启动有效投资、创造有效需求、提升产业质量、抢占全球科技创新制高点、参与国际竞争的一个重要基础，对全球的数字化进程具有深远的战略意义和影响力。

新基建，正当其时。

洪雯

2020 年 6 月于香港

序二　新基建的基础是人才

“苟日新，日日新，又日新”，新时代带来新机遇，也要面对新挑战。在贸易摩擦和新冠肺炎疫情等冲击下，中国将如何调整经济和产业政策？中国的下一轮经济增长点在哪里？在这个时候，中国提出“新基建”，包括 5G 基建及应用、大数据中心、人工智能、工业互联网、城际高速铁路和城际轨道交通、新能源汽车充电桩、特高压七个领域，同时也包括支撑国家经济数字化转型、智能升级、融合创新的硬性和软性设施建设。那么，是否可以理解为新基建就是“数字基建”，是数字经济时代社会经济运行的支撑？我们基本同意这个判断。

在未来，数字经济到底会如何改变中国，新经济和旧经济到底是替代还是共存？创新是否只能靠颠覆？“独角兽”又是否可以独领风骚？虽然没有标准答案，但在本书中会有一些思考、看法与读者们分享。

此外，希望和读者们分享的另一部分内容是：政府和企业在新基建中各自的角色是什么？新基建对中国和国际社会有何意义？有了新基建之后世界会变成怎样？这些大众关心的问题也会在本书中一一探讨。要落实搞好新基建，充分发挥新基建的撬动和带领作用，让新基建红利最大化，各方包括政府、企业和个人，可以做些什么？又应该做些什么？这些问题也是我们希望和大家一起思考的。

最后，我们还要认识到，在新基建和数字经济的下面，还有一个更基础的“基建”，那就是人才。如何为未来的科技进步和社会发展培养合适的人才，已是一个不能回避的问题。尤其是在后互联网时代，我们是否还应该继续拥抱工业革命时代的教育制度？我们希望提出一些想法，看看是否可以引起大家的共鸣。

新基建引领未来，我们认为包括制度、文化和人才等方面，都需要进行准备。新基建整装待发，大家准备好了吗？

洪为民

2020 年 6 月于香港

目　录

第一章

为什么需要新基建

新型基础设施建设（下称新基建），是以新发展理念为引领，以技术创新为驱动，以信息网络为基础，面向高质量发展需要，提供数字转型、智能升级、融合创新等服务的基础设施体系建设。伴随着技术革命和产业变革，新型基础设施的内涵、外延并不是一成不变的，有可能会进一步扩展。

中国大力推动新基建发展，不仅是为了在新冠肺炎疫情下通过大量投资来稳定增长，也是顺应科技革命新趋势、提升经济发展的韧性、打造数字生态的支撑体系，从而推动数字经济发展的长期举措，与国家中长期转型方向一致。同时，新基建计划更是一国在国际竞争中占领信息技术和数字经济制高点的必然之举，具有重大的战略意义。

新基建要产生效益，必须达到相当的规模，并采取适度超前的模式。与此同时，新基建需要建立政府主导、民间参与的多元投融资体系。新基建除了强调硬件建设外，更要强调软件建设，并且在建设初期就要求深度参与。新基建的发展还需弥补关键软件的创新研发短板，并重视建设过程中所产生的数字鸿沟问题和社会责任问题。

1. 新基建的时代发展背景

科技发展史，是人类文明史的一个重要篇章。科学和技术的突破引发了工业革命，改变了社会的政治、经济和文化格局。生产组织形式发生变化，深刻影响了人们的生活方式和思想观念，从根本上改变了人类文明的发展路径。而各个国家在产业革命中的参与程度和具体角色，则决定了它们在世界经济中的地位及与其他国家之间的关系。

第一次工业革命后，世界进入了蒸汽时代。第二次工业革命则让世界进入了电气时代。对于第三、第四次工业革命，现有文献中有多种不同的定义和划分。笔者认为，信息时代和数字时代最能清晰显示第二次工业革命以来世界所经历的两次重大范式转移（paradigm shift），可以作为第三、第四次工业革命的定义。

20 世纪 40 年代，第一代电子计算机被发明出来，并以强大的生命力飞速发展、迭代更新。随着大规模集成电路、微处理器的发明，以及软件的革命性进步，计算机的应用从最初的军事科研扩展到社会的各个领域，人类处理知识和信息的能力得到根本性提高，带动了全球范围内的技术进步。这对人类的生产活动和社会活动产生了重大影响。由此引发的社会变革称为第三次工业革命，世界从此进入信息时代。

1977 年，美国经济学家马克·波拉特（Marc U. Porat）发表了一系列有深远影响的研究报告，提出了信息经济（the information economy）的概念。他将经济分为两大范畴：物质和能量范畴（the domain of matter and energy）、信息范畴（the domain of information）。前者包括农业和工业；后者又称为信息部门（information sector），可分为第一信息部门（由向市场提供信息产品和服务并换取收益的企业所组成）和第二信息部门（由政府和非信息企业在其内部提供的并非用于市场交换的信息服务所组成）。他还认为，当信息部门的国民生产总值（Gross National Product，GNP）或者所雇用的劳动力超越物质和能量范畴时，一个经济体即可以被视为信息经济。根据这个定义，他测算出美国在 1967 年时已经进入信息时代，当年 53%的美国劳动力从事与信息相关的工作（information work）。

而互联网的发明和大规模应用，使信息经济的影响扩大。20 世纪 60 年代末期，互联网开始应用于军事和科研领域，20 世纪 90 年代扩展到商业领域，而之后移动互联网的普及，彻底颠覆了知识、信息的产生和传播方式。

从 20 世纪 90 年代开始，随着互联网技术和数字技术的日趋成熟及相互融合，信息经济进入了一个新的发展阶段。首先是数字化的信息以螺旋上升的方式迅速增加。2019 年联合国的调查数据显示，代表数据流的全球互联网协议流量（global internet protocol traffic）从 1992 年的每天约 100 千兆字节增长到 2017 年的每秒 45 000 千兆字节，预计到 2022 年，全球互联网协议流量将达到每秒 150 700 千兆字节。

与此同时，收集、存储、传输、计算、分析、挖掘、转换、应用数据的技术持续实现突破。尤其在 2008 年全球金融危机后，受到冲击的经济体和企业纷纷积极寻求新的发展路径，大数据、人工智能（AI）、云计算、区块链等新的数字技术不断兴起、壮大。由此可见，危机，从来都是推动世界改变的动力。

数字化信息的数量急速增加，处理数字的技术实现飞跃，这两者逐渐成为经济发展的重要驱动力，以数字化为核心的第四次工业革命逐渐拉开序幕。这一轮革命，可以称为数字革命。

这四次工业革命的开始时间、标志与内容见表1-1。

表1-1　四次工业革命

	开始时间	标志	内容
第一次工业革命：蒸汽革命	18世纪60年代	纺织机和蒸汽机	从手工作坊到机器大生产
第二次工业革命：电气革命	19世纪下半叶	电力和内燃机	进入电气时代
第三次工业革命：信息革命	20世纪下半叶	计算机和互联网	进入信息化时代
第四次工业革命：数字革命	20世纪90年代	新一代数字化技术	产业数字化和数字产业化

随着数字革命的到来，不同国家开始扮演不同的角色，这将导致世界经济分化和重组，它们在数字经济发展方面所占据的位置，也将影响未来的国际分工与合作关系，从而影响全球的数字经济格局。

事实上，数字经济并未超越信息经济。数字经济起源于信息经济，是信息经济较高的一个发展新阶段。

有关数字经济的含义表述较多。经济合作与发展组织（Organization for Economic Co-operation and Development，OECD）坎昆会议将数字经济定义为一个由数字技术驱动的、在经济社会领域发生持续数字化转型的生态体系。该生态体系内至少包括物联网、大数据分析、人工智能和区块链四大组成部分。2016年的G20杭州峰会提出的《二十国集团数字经济发展与合作倡议》指出："数字经济是指以使用数字化的知识和信息作为关键生产要素、以现代信息网络作为重要载体、以信息通信技术的有效使用作为效率提升和经济结构优化的重要推动力的一系列经济活动。"这一定义多为各方接受和引用。例如，中国信息通信研究院2017年发表的研究报告便吸收了这一定义，将数字经济定义为："以数字化的知识和信息为关键生产要素，以数字技术创新为核心驱动力，以现代信息网络为重要载体，通过数字技术与实体经济深度融合，不断提高传统产业数字化、智能化水平，加速重构经济发展与政府治理模式的新型经济形态。"

在参阅了众多有关数字经济的文献后，可以总结出数字经济的几大特征。

第一，数字经济以数字化的知识和信息为关键生产要素。这里涉及数字化的概念。过去数十年，数字化一直在发生——纸上的、线下的信息逐渐被转移到电脑里和网络上。数字化的知识和信息能够被机器读取和分析，从而实现网络化和智能化。也就是说，知识和信息的数字化为使用数字技术来改变商业模式、创造新价值提供了机会，数据也因此被视为最关键的经济资源，就如同石油在工业时代的意义。当大量的、多样化的数据高速地聚合在一起时，便形成了大数据。人们对大数据的挖掘、处理和运用，为进一步提高生产率和挖掘消费者盈余提供了可能，从而产生了高价值。

第二，数字经济以现代信息网络作为重要载体，并以网络化为重要发展方向。信息网络是信息传输的通道，是数字供应链的关键基础设施。目前，信息网络正快速向高速、安全、移动的方向发展，新一代高速光纤网络、高速无线宽带普及速度加快，越来越多的设备、终端等接入信息网络，物联网开始广泛应用。传统的电网、公路网、铁路网等线下网络也逐渐实现数字化，未来将形成万物互联的综合信息基础设施。然而，4G 网络时代的网络带宽不足、时延过长，已不足以使网络上无数个终端与节点进行无缝衔接，因此我们需要新型数字技术和设施的支撑，大带宽、低时延、广连接的 5G 网络将成为数字经济发展的关键。

第三，除了数字化、网络化，数字经济的另一个关键发展方向是智能化。海量数据在网络上产生、传输，为智能化发展提供了可能。智能化是从标准化向人性化的转变，而人工智能便是模拟和扩展人的智能的一门新技术科学，是智能化的核心。在大数据、物联网和人工智能等技术的支持下，事物将具有根据场景满足人的各种需求的属性，从而实现智能化。无人驾驶汽车便是智能化的事物，它将传感器物联网、移动互联网、大数据分析等技术融为一体，模拟人的智能，满足人的出行需求。经过多年发展，人工智能在数据、算法、计算和场景驱动方面取得重要突破，具备了“快速学习”和“自主学习”两种能力，正从专用智能向通用智能过渡。而企业进入智能化新阶段后，就能解决行业存在的痛点，为企业带来大量新机遇和创造全新的业务价值。

目前，中国在人工智能方面的大部分创新偏重于应用，而在前沿理论创新方面总体上仍处于“跟跑”地位。2017 年 7 月，中国发布《新一代人工智能发展规划》，将新一代人工智能提升到国家战略层面进行部署，提出面向 2030 年中国新一代人工智能发展的战略态势、总体要求、重点任务、资源配置、保障措施和组织实施，旨在构筑人工智能发展的先发优势，把握新一轮科技革命的机遇。

第四，网络化的发展重心正从消费互联网转移到产业互联网。互联网进入商业领域后，首先在消费互联网（C 端）蓬勃发展。消费互联网主要以个人为用户，以日常生活为应用场景，帮助人们在衣食住行及社交娱乐方面获得更好的消费体验。我们熟悉的淘宝、京东、亚马逊等电子商务平台便是消费互联网。然而，经过十几年的飞速发展，消费互联网的发展速度明显放缓，数字化的发展进入动能转化的新阶段，重心开始向产业互联网（B 端）转移。产业互联网借助新兴数字技术，将农业、制造业、能源产业、物流产业、交通运输业等传统产业和公共服务领域与其上下游的企业连接成数据链条，目的在于提升效率、优化配置，提供更优的产品和服务，用互联网和数字技术为传统产业赋能。

目前，产业互联网尚处于发展初期，市场集中度低，未来有不可限量的市场容量和发展机遇。但产业互联网涉及环节众多、场景复杂，且跨行业的整合难度大，所以其发展难度也大得多。中国的消费互联网已经处于全球领先地位，未来我们需要在产业互联网发力，实现生产领域的数字化、网络化、智能化，实现高质量发展。

第五，平台化和生态化成为数字经济下产业组织的显著特征。在数字经济时代，数字是关键的生产要素，但只有大量的数据汇聚在一起，才能有效洞察市场，发挥连接、协调产业链上不同参与者的作用。由于平台或者生态系统具有汇聚数据的功能，其将成为协调和配置资源的基本经济组织，成为创造和汇聚价值的核心。

产业组织的平台化具有两个发展趋势。一是新兴的互联网平台企业快速涌现、崛起。普华永道发布的2019年全球市值百强企业排名显示，排名前十位的企业中有七家是数字科技企业，包括微软、苹果、亚马逊、Alphabet（Google母公司）、Facebook、阿里巴巴和腾讯。这些企业都属于平台型或者生态系统型。

二是传统企业正在加速平台化转型。这一趋势，事实上是由数字经济的性质决定的。在工业时代，企业从上游采购原材料，加工成成品后向下游出售，价值创造是线性的，竞争者越多，企业面临的挑战越大。而在数字平台上，价值创造是网络状的，平台整合产品和服务的提供者，将其与消费者匹配，从而促成交易和协作。因此，平台本质上是所有参与者共建的生态系统，参与的人越多，平台就越有吸引力和竞争力，平台上的企业也越容易获得客户并盈利。在某种意义上，平台具备了基础设施的特征：对于平台上的企业来说，平台完成了整个交易，整合了整条供应链上的参与者，并通过提供设施和服务，协助、促成相互之间的交易。因此平台虽由个别企业创建、拥有、营运，但其具有一定的公共性、通用性、基础性。可以说，平台及各个参与者形成了既竞争又共生的关系，这也是数字经济时代产业组织的显著特征。

综上所述，我们可以看到，数字经济的整体发展趋势为数字化、智能化、网络化、平台化，以及从C端到B端。

数字经济在实体市场空间的基础上，创造了一个新的数字化虚拟空间，其中有虚拟的生产线和工厂、虚拟的商场、虚拟的产品，并通过实体市场与虚拟市场之间的互动实现虚实结合，即所谓的O2O（online to offline），从而将价值创造与市场竞争提升到一个新的维度。

新维度的产生使传统线下行业的经济逻辑和运行规律发生了根本性变化，市场运作、治理的模式亦随之转变。因此，维持传统经济体系运转的生态系统亦需要完成根本性的转变，从而适应并推动数字经济的发展。

新的数字生态体系可以视为由产业体系和支撑体系两大部分构成的整体，如图 1-1 所示。

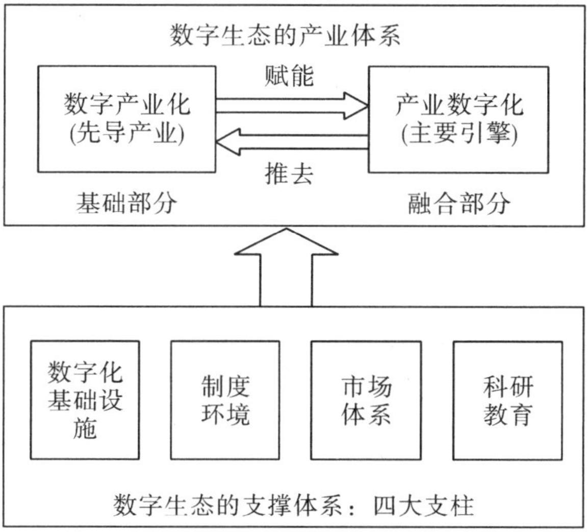

图 1-1　新的数字生态体系

数字经济的产业体系包括了两大部分：数字产业化和产业数字化。前文提及，首先提出信息经济概念的美国经济学家马克·波拉特将信息部门分成了第一信息部门和第二信息部门。

若用这个理论来类比，数字产业化可视为数字经济的“第一数字部门”，其中的企业为市场提供数字化、信息化服务，包括基础电信、电子制造、互联网等产业，即数字经济的基础部分。在数字经济时代，这一部门中的产业迅速成长为战略性新兴产业和全球经济增长日益重要的驱动力，具有先导性，并被广泛应用到其他经济领域中，为社会各行各业提供通用技术，从而加速经济发展，提高现有产业劳动生产率、培育新市场，创造产业新增长点，并在实现包容性增长和可持续增长中发挥重要作用。

而产业数字化则可视为“第二数字部门”。在这个“部门”里，数字技术、信息技术与传统的农业、工业、服务业等相融合，将各个生产要素和生产环节数字化，从而优化资源配置、改善业务流程、变革商业模式，最终提升产业效率和价值。因此，这一部门也可称为数字经济的融合部门。很明显，产业的数字化需要大数据、人工智能、云计算、网络通信等新兴数字技术与传统产业进行相互渗透和融合，从而推动经济的数字化发展。

从数次工业革命可以看出：先导产业对经济的贡献在革命初期较大，之后便趋于稳定；融合部分则发力相对较晚，但规模较庞大，对经济的贡献也会越来越大。这一规律在数字经济中已经有所体现。数字经济发展早期，数字产业化加速，为支撑经济发展起到了战略性、先导性作用，对全球经济的贡献比重不断上升。近期，数字产业的发展与全球 GDP 的增长基本同步，其在 GDP 中的占比保持稳定。例如在 OECD 成员国中，数字产业对 GDP 的贡献维持在 6%左右。加快数字技术与其他产业的渗透融合，加快其他产业向数字化、网络化、智能化转型，以及改造传统动能，能够提升全要素生产率，提高对 GDP 增长的贡献率。由此可见，产业数字化有无限的发展空间。

事实上，产业数字化发展所产生的效应，将会超越数字产业化，成为数字经济的主要引擎。若缺乏实体产业的基础，数字经济的发展就可能具有过度服务业化的趋势。正如前文指出，数字经济发展的初期，重心是在消费端的衣食住行及社交娱乐等方面。但就国家在全球的整体竞争力而言，数字经济的发展还有赖于健全的实体产业发展体系。

产业数字化便是传统实体产业重获竞争力的重要方式。因此，传统工业国纷纷加入数字化竞争行列，希望重振制造业，重新获得制造业大国的地位。例如，德国先后出台了《数字议程（2014—2017）》《数字德国 2015》《高技术战略 2025》等，全面推进其产业数字化战略——工业 4.0。尽管德国的数字产业发展水平在全球并不占据领先地位，但由于具备相对健全的实体产业，且拥有对实体产业数字化高度重视的全方位战略，其产业数字化转型已取得显著成效，数字经济的整体效率也明显提高，在诸多领域拥有核心竞争力。

由此可见，数字经济的发展并不仅仅依赖于 5G、云计算、大数据、区块链等技术型的先导产业，还要加强传统农业、工业、服务业与先导产业的融合。前者赋能于后者，后者推动前者，二者兼顾，不失偏颇，方能形成完善的数字经济产业体系，持续推动整体经济发展。

产业的发展有赖于一个完善的生态环境。这样的生态环境能够支撑其萌芽、散叶、开花、结果。在数字经济时代，数字生态的支撑体系可以总结为四个支柱：数字化基础设施、制度环境、市场体系[①]、科研教育。这四个支柱是数字经济发展的基础和必备条件。

数字生态的第一个支柱是数字化基础设施。基础设施是维持社会日常生活和经济生产的各种物质基础。传统意义上的基础设施包括交通运输、通信、水利、供气、供电等设施，以及提供无形产品和服务的科教文卫等部门所需的固定资产。这些设施既是城市主体设施正常运行的保证，又是物质生产和劳动力再生产的重要条件。因此，基础设施建设滞后，可能成为制约发展的瓶颈，而良好的基础设施建设，可以成为经济发展的推动力。

在数字经济的背景下，传统的经济逻辑和运行规律发生了根本性的变化，企业和产业的组织结构、人的行为模式和思维方式均发生了转变。我们需要重新审视数字经济的发展，重新考量作为支柱的基础设施（后文将会详述）。毫无疑问，要占领数字经济制高点，建设与数字经济发展相匹配的基础设施是尤为重要的。

数字生态的第二个支柱是制度环境。制度环境不仅包括社会运行的基础规则，还包括政府与市场的关系、经济调控的政策、资源的分配、法律体系、市场竞争环境等内容。这些是营商环境的重要组成部分，深刻影响着主体的行为决策，从而影响企业的绩效和整体产业的发展。数字生态建设具有政策系统性布局的特征，除了基础设施的支撑，还需要顶层设计和宏观政策体系的配合，以及与之配套的制度环境。

---

① 市场即交易发生的场所或平台，可以是实体的，也可以是虚拟的。市场分为不同种类。如，根据所交易商品的属性，分为商品市场、生产要素市场、金融市场、劳动力市场等。根据市场所在的地域，又分为地方市场、区域市场、国内市场、国际市场等。多种市场相互联系，形成有机的统一体，即市场体系。

数字生态的第三个支柱是市场体系。市场体系是多种相互联系的市场所形成的有机体。企业，包括国企、民企和其他所有制的经营机构，即是市场的主体。在产业生态体系中，市场体系发挥配置资源、平衡供求、提供产品和服务、传递信息和反馈、调节多方利益等功能。因此，建立统一、开放、有序竞争、平等的市场体系，是各个市场主体能充分发挥能动性且共同参与数字经济发展的重要支撑。在数字经济背景下，维持传统经济体系运转的生态系统亦需要发生根本性的转变，从而适应并支撑数字经济的发展。

数字生态的第四个支柱是科研教育。因为数字经济还是技术密集型产业，所以科研和教育体系的重要作用不言而喻。

上述四个支柱共同构成了数字生态的支撑体系，成为诸多国家推动经济数字化的重点方向。从广义上来讲，这四个支柱均可称为数字经济的基础设施，包括软性和硬性的基础设施。

首先，经济数字化已成为世界各国的重要发展战略。进入数字经济时代以来，世界各发达经济体一方面依赖于信息经济时代的先发优势，另一方面积极开展数字化转型，通过数字产业化和产业数字化保证竞争优势。

然而，数字经济产业是典型的资本和技术密集型产业，需要建立在一整套完善的数字经济生态体系之上。尤其是数字生态中的支撑体系，具有公共品的特征，前期发展需要依赖政府资源的投入和政策的引导。因此，由政府主导实施数字经济发展战略并提供资源，通过公共政策引导来打造数字生态系统中的支撑体系，并推动产业体系的构建，已成为数字经济发展的重要内容。

美国是最早对发展数字经济进行布局的国家，在20世纪90年代就启动了“信息高速公路”战略，并相继发布了一系列涉及数字经济的研究报告，持续关注数字经济的发展及其影响。2016年5月，美国发布《联邦大数据研发战略计划》，旨在构建数据驱动的国家战略体系，基于大数据的分析、信息提取以及决策支持能力激发联邦机构和整个国家的新潜能。在人工智能领域，美国于2016年发布《国家人工智能研究和发展战略计划》和《为人工智能的未来做好准备》的报告，将人工智能上升到国家战略层面，进一步引领人工智能的研发与应用。这些布局表现出明显的产业扶持特征。

欧洲国家也积极发展数字经济。德国政府为更好地实施“工业4.0”，从基础设施、商业模式、政府扶持、技术研发、教育培训、数据安全和政府服务等多个方面构建数字化生态体系。在脱欧的背景下，英国政府为重整经济，于2015年发布《数字经济战略（2015—2018）》，旨在推动数字化创新导向的经济和社会发展，将英国建设成数字化国家。其核心是改变传统经济政策模式下“放手”的思路，通过设立研发基金，建立与数字经济相关的公共基础设施，帮助企业进行数字化改造。法国同样通过政府政策和资源投入，推动数字经济的发展。2008年和2011年，法国政府推出一系列发展战略，希望通过数字技术振兴国民经济和提升国家竞争力。法国政府对数字化基础设施的投入包括提高网速、降低费用和推动宽带普及，同时在无限传输数字电视和移动电话领域加大投入，发展电子商务和电子政务等。

日本政府也积极推动以智能化为基础的数字化发展转型。日本在数字经济发展方面有深厚的积淀，尤其是在2008年全球金融危机后，日本开始重点关注数字化转型。信息和通信技术、物联网、机器交互被日本视为数字经济的核心。日本政府开始实施各种发展战略，持续加大在这些领域的投入。2016 年，日本提出“社会 5.0”理念，将数字经济的发展与国民日常生活相融合，旨在形成人与人工智能共生的状态。为实现这一目标，日本加强了对数个领域内基础设施的建设和相关技术的开发，包括数据和接口的标准化、数据整合和分析系统、公立认证基础等。

诸多国家已经开始实施数字化发展战略，争取赶上这趟新工业革命的列车，在全球重塑竞争优势的过程中突围。而数字经济需要建立在相对健全的数字生态的基础之上，其支撑体系也依赖于国家政策和资源的持续投入。因此，充分发挥政府的积极作用，推动数字生态体系的构建，成为各国数字经济战略的重要内容。

在中国，虽然“数字经济”这个词语于 2017 年才首次被正式写入政府工作报告，但中国谋划数字经济已有相当长的时间。2012 年，“互联网+”的理念被提出，即依托互联网信息技术实现互联网与传统产业的联合，以优化生产要素、更新业务体系、重构商业模式等途径来完成经济转型和升级。可以说，“互联网+”其实就是数字经济的一种形态。

2015 年，中国发布的相关文件指出，“以促进制造业创新发展为主题，以提质增效为中心，以加快新一代信息技术与制造业深度融合为主线，以推进智能制造为主攻方向……促进制造业数字化网络化智能化，走创新驱动的发展道路”。提出要“促进工业互联网、云计算、大数据在企业研发设计、生产制造、经营管理、销售服务等全流程和全产业链的综合集成应用……加快发展智能制造装备和产品……推进制造过程智能化……深化互联网在制造领域的应用”。同时，还提出了十大重点发展领域，其中第一个领域即为新一代信息技术产业，包括集成电路及专用装备、信息通信设备和操作系统及工业软件。上述内容，基本已包含数字产业化和产业数字化的内容。

2017 年，全国两会政府工作报告明确提出“促进数字经济加快成长”，这是“数字经济”首次被写入政府工作报告。该报告提出“加快大数据、云计算、物联网应用，以新技术新业态新模式，推动传统产业生产、管理和营销模式变革。把发展智能制造作为主攻方向……”之后三年的政府工作报告又相继提出“建设数字中国”“壮大数字经济”“打造数字经济新优势”。十九届四中全会报告亦首次提出数据可作为生产要素按贡献参与分配。

此外，习近平总书记多次强调，要构建以数据为关键要素的数字经济，在创新、协调、绿色、开放、共享的新发展理念指引下，推进数字产业化、产业数字化，引导数字经济和实体经济深度融合。李克强总理多次指出，要壮大数字经济，坚持包容审慎监管，支持新业态新模式发展，促进平台经济、共享经济健康成长。可见，数字化已成为新一轮技术变革和产业升级的方向，成为构建现代化经济体系的重要内容。

2019 年年末，国家发展改革委、中央网信办印发了《国家数字经济创新发展试验区实施方案》，拟在河北省（雄安新区）、浙江省、福建省、广东省、重庆市、四川省等地启动国家数字经济创新发展试验区创建工作。同年，中共中央、国务院印发《长江三角洲区域一体化发展规划纲要》，提出共同打造“数字长三角”。

与此同时，各地也纷纷出台数字经济发展规划。浙江省将数字经济作为“一号工程”，制订《浙江省数字经济五年倍增计划》，设立100亿元数字经济产业基金，争创国家数字经济示范省；福建省提出要建成数字中国建设样板区和国家数字经济发展新高地，并拨发数字经济发展专项资金；广东省提出用5~8年时间，将广东省建设成为国家数字经济发展先导区、数字丝绸之路战略枢纽和全球数字经济创新中心，力争2022年数字经济规模达7万亿元人民币，占全省GDP比重接近55%；四川省印发《四川省人民政府关于加快推进数字经济发展的指导意见》，提出到2022年，全省数字经济总量超2万亿元人民币。

总体来看，中国数字经济发展已有了顶层设计，而体制机制亦逐步健全，整体发展环境趋好。在这样的宏观环境下，数字经济在中国发展迅速，已成为促进我国经济发展的新动能。

根据中国信息通信研究院的测算数据，2018年中国数字经济总量达到31.3万亿元人民币，占GDP比重超过了1/3，达到34.8%，占比同比提升了1.9个百分点。数字经济的先导产业在GDP中的占比始终维持在6%~7%，占比与美国等发达国家接近，增长态势与本国GDP增速大体相似。在数字经济推动传统产业改造提升方面，2018年数字经济对GDP增长的贡献率达到67.9%，贡献率同比提升了12.9个百分点，超越了不少发达国家，成为带动中国国民经济发展的核心力量。2018年，中国有11个省、直辖市数字经济规模超万亿元人民币，其中广东省数字经济规模超4万亿元，江苏省超3万亿元，山东省、浙江省超2万亿元，上海市、北京市、福建省、湖北省、四川省、河南省、河北省均超1万亿元。

同时，中国已建成全球领先的信息基础设施。固定宽带已基本覆盖所有农村，固定宽带用户平均接入速度已超过不少发达国家。宽带用户普及率接近OECD成员国平均水平，其中光纤用户占比位居全球首位。4G网络规模和用户规模均排名全球第一，移动网络用户平均下载速度超过美国。物联网已经成为新的热点，蜂窝物联网M2M连接数位居全球第一，而在移动通信等领域已实现全球同步。

目前，中国正迈向5G引领的新阶段，在大数据、云计算、人工智能等重要新兴领域紧跟发达国家水平，在某些领域已经成为“领跑者”。例如，在云计算领域，阿里巴巴已搭建了全球最大的弹性混合云架构，云服务收入位居全球第三。在人工智能领域，百度和科大讯飞积极布局无人驾驶和语言识别等方面，达到国际领先水平。在互联网领域，全球互联网公司市值前十强和前三十强的企业中，分别有三家和十余家企业来自中国，仅次于美国，远超欧洲各国及日韩两国。

而数字经济的第二部门——产业数字化在中国数字经济中的比重已近八成，占GDP的比重也近四分之一。与此同时，中国公共服务数字化的转型正在加速，教育、社会保障、劳动就业等方面基本实现了数字化；养老、社区、家庭等经济性公共服务领域，也已形成较为完善的数字产业链。

目前，中国的数字经济存在一些发展不均衡的情况。在数字产业化方面有不少薄弱环节，尤其在重点行业的核心技术和关键产品研发方面，基础创新能力较弱。在产业数字化方面，虽然消费端服务业的数字化全球领先，但第一、第二产业的数字化则相对滞后，资本和资源投入相对不足。在空间区域方面，领先的地区数字经济的发展程度与排名较后的地区差距较大。

在支撑体系方面，战略性数字化基础设施建设相对不足，未能充分发挥支撑和先导作用。具体表现为：传统的高速宽带、互联网数据中心等基础设施升级改造力度不够，大数据、5G 等关键性基础设施建设力度需进一步加快；数字基础设施在区域分布上呈现出不均衡的状况，中西部地区明显落后于东部发达省份，农村地区也明显落后于城市。

此外，还存在一些制度规范和监管体系不能适应数字经济新业态的变化、相关法律法规的建立和完善相对滞后、数字经济人才短缺等问题。

数字经济的滚滚浪潮，浩浩荡荡地向前奔涌。抓住机遇，找到发展壮大数字经济的现实路径，是我们的根本任务。

2. 新基建的内涵和作用

各主流媒体认为中国新基建包含了七大领域——5G 基建及应用、大数据中心、人工智能、工业互联网、城际高速铁路和城际轨道交通、新能源汽车充电桩、特高压（见表 1-2）。

在深入剖析了数字经济生态系统的产业体系和支撑体系之后，我们不难看出**新基建的七大领域事实上也是数字经济的主要发展方向。**其中，5G 基建及应用、大数据中心、人工智能、工业互联网这四项是数字经济的前沿技术，对应了数字经济产业体系中的数字产业化；而城际高速铁路和城际轨道交通、新能源汽车及充电桩、特高压则是产业数字化的内容，是数字化的基础设施系统。

表 1-2　新基建的七大领域

领域	特征及作用
5G 基建及应用：领衔新基建，数字经济时代的新动能	· 基建中的基建，各行业进入数字化时代的支撑 · 5G 特征：高速度、低时延、泛在化、低功耗、万物互联（4G 只满足人与人互联的需求） · 作为新一代移动通信技术，5G 技术切合了传统制造业智能化转型对无线网络的应用需求，能满足工业环境下设备互联和远程交互应用的需求，未来将在工业互联网、车联网、企业“上云”、人工智能、远程医疗、互联网金融等领域起支撑作用，促进产业升级 · 本身有非常广泛的上下游产业链条 　硬件：芯片、器件、材料、精密加工等 　软件：操作系统、云平台、数据库等 · 重中之重，各省份实现“稳增长”的投资重点，中国 19 个省、直辖市的政府工作报告将“推进 5G 通信网络建设”列入 2020 年重点工作 · 预计到 2025 年，中国 5G 网络建设投资累计达 1.2 万亿元，带动产业链上下游及各行业应用投资超过数万亿元
大数据中心：数字经济时代的“诺亚方舟”	· 被誉为承载大数据、云计算、工业互联网、人工智能的“诺亚方舟” · 数据存储、处理和交互的中心 · 服务器、存储、网络、应用等高度虚拟化，用户可以按需调用各种资源 · 经济的数字化转型和 5G 商业化的进程，推动行业转型、政府和企业上云的速度加快，带动数据流量持续增长，全球数据生成量每 18 个月翻一番，云计算需求增加，将产生大量数据中心建设的需求 · 大数据中心建设产业链长，包括服务器、路由器、交换机、光模块、供电系统、软件、网络、机房、制冷等 · Synergy Research——全球领先云计算服务商，每年每季度在基础设施方面的投资将达 10 亿美元

表1-2(续)

领域	特征及作用
人工智能：数字经济时代的新生产力	·使用计算机来模拟人类的某些思维过程和智能行为 ·研究领域包括机器人、语言识别、图像识别、专家系统和自然语言处理等 ·在网络搜索、生物识别、金融交易、医疗系统等领域将带来革命性影响和变革，对经济发展、社会进步、国际政治格局将产生重大影响 ·2020 年，中国人工智能总体技术和应用与世界先进水平同步，人工智能产业成为新的重要经济增长点
工业互联网：连接传统经济与数字经济	·本质是通过工业网络平台把设备、生产线、工厂、供应商、产品和客户紧密地连接起来，高效共享工业经济中的各种要素资源，从而通过自动化、智能化的生产方式降低成本、增加效率，帮助制造业延长产业链，推动制造业转型发展 ·工业互联网通过智能机器间的连接将人机连接起来，结合软件和大数据分析，重构全球工业、激发生产力，让生产更快速、更安全、更清洁、更经济 ·中国拥有全球最齐全、最完善的制造业体系，但不少核心技术和装备仍然依靠进口 ·工业互联网是智能制造的基础，有助于中国制造业换轨道超车 ·中国政府 2012 年提出发展工业互联网，2017 年制订工业互联网顶层规划，2019 年将工业互联网写入政府工作报告
城际高速铁路和城际轨道交通：向世界递出的中国技术新“名片”	·城际高速铁路是在人口稠密的都市圈或城市群中规划和修建的高速铁路客运专线运输系统，属于高速铁路的一种。其主要特点是线路距离较短、列车班次公交化以及轨道系统所能允许的列车最大运行速度不低于 250km/h，兼有城际铁路和高速铁路的特征 ·城际轨道交通是以城际运输为主的轨道交通客运系统，不单指城际铁路，而是指一个完整的城际轨道运输系统，包括各种类型的城际铁路（轨道）线路及运营的城际列车，以及在干线铁路中增开的城际捷运列车 ·城际高速铁路和城际轨道交通是城市化和城市群建设的重要一环，目标是打造城市群中心城市与周边重要城镇之间的一小时交通圈。中国在这方面目前仍有缺口，需要补齐短板 ·视为新基建的一部分，是因其利用了大量信息技术和自动控制技术 ·产业链长（原材料、机械、电器设备、公用事业、运输服务），带动性强，在推动社会发展和交通数字化、智能化方面起基础性作用

表1-2(续)

领域	特征及作用
新能源汽车充电桩：新能源汽车的“加油站”，推动中国迈向新能源时代	·刺激汽车消费是改善制造业的重要机会，而发展新能源汽车是中国从汽车大国走向汽车强国的必由之路 ·充电桩作为电动汽车的重要配套设施，有力地支撑着中国新能源汽车产业高速发展 ·截至2019年10月，中国公共和私人充电桩总计保有量为114.4万个 ·根据《电动汽车充电基础设施发展指南（2015—2020年）》，到2020年年末，中国约有500万辆电动汽车，将新增集中式充换电站超过1.2万座，新增分布式充电桩超过480万个 ·2016年1月，中国发布《关于“十三五”新能源汽车充电基础设施奖励政策及加强新能源汽车推广应用的通知》，对充电基础设施配套较为完善、新能源汽车推广应用规模较大的省（自治区、直辖市）政府给予不同程度的奖补资金支持 ·2019年3月，中国发布《关于进一步完善新能源汽车推广应用财政补贴政策的通知》，明确未来补贴将从新能源汽车购置转向充电基础设施建设 ·新能源汽车充电桩建设关乎行业标准，需要政府进行行业层面的协调，并制订面向2030年的充电桩建设中长期发展规划，给予市场明确指引
特高压：实现能源高效配置的“电力大动脉”	·电力是各行各业发展的基础动力。特高压指800千伏及以上的直流电和1 000千伏及以上的交流电，能大大提升电网的输送能力，是智慧能源基础设施 ·中国是世界上唯一将特高压输电项目投入商业运营的国家，拥有世界领先的特高压输电技术，核心设备已日趋国产化 ·因中国的地貌、人口、经济等因素，要想将全国电压等级连成一张网，必须依靠特高压，连得越远电压越高 ·存在风险，但技术不断更新，稳定性不断提升 ·国家电网已启动混改，首次向社会资本开放特高压投资

国家发展和改革委员会（以下简称国家发展改革委）在2020年4月20日的新闻发布会上将新基建的概念进行了扩展，指出“新型基础设施是以新发展理念为引领，以技术创新为驱动，以信息网络为基础，面向高质量发展需要，提供数字转型、智能升级、融合创新等服务的基础设施体系”。这一概念将新基建分为三方面内容。

一是信息基础设施。主要指基于新一代信息技术演化生成基础设施。比如以5G、物联网、工业互联网、卫星互联网为代表的通信网络基础设施，以人工智能、云计算、区块链等为代表的新技术基础设施，以数据中心、智能计算中心为代表的算力基础设施等。

二是融合基础设施。主要是指深度应用互联网、大数据、人工智能等技术，支撑传统基础设施转型升级，进而形成的融合基础设施。比如智能交通基础设施、智慧能源基础设施、智慧城市等。

三是创新基础设施。主要是指支撑科学研究、技术开发、产品研制的具有公益属性的基础设施。比如重大科技基础设施、科教基础设施、产业技术创新基础设施等（见表1-3）。

表1-3 新基建的三方面内容

内容	举例
信息基础设施	通信网络基础设施 （以5G、物联网、工业互联网、卫星互联网为代表）
	新技术基础设施 （以人工智能、云计算、区块链等为代表）
	算力基础设施 （以数据中心、智能计算中心为代表）
融合基础设施	智能交通基础设施（城际高速铁路和城市轨道交通）
	智慧能源基础设施（特高压、新能源汽车充电桩）
	智慧城市
创新基础设施	重大科技基础设施
	科教基础设施
	产业技术创新基础设施

显然，国家发展改革委对新基建七大领域进行了拓展。若将其放在数字经济生态系统中来分析，则信息基础设施对应数字产业化，是数字经济产业体系的基础部分；融合基础设施对应产业数字化，是数

字经济产业体系的融合部分；创新基础设施则对应数字生态支撑体系中的教育科研这一支柱。国家发展改革委还指出，伴随着技术革命和产业变革，新型基础设施的内涵、外延也不是一成不变的，有可能会进一步扩展。

无论是新基建的七个领域，还是国家发展改革委拓展的三方面内容，都直指数字经济，旨在推动经济的数字化转型，在新一轮产业革命中占领制高点。从这个意义上来看，**新基建的内涵对应的便是数字经济的生态系统，新基建其实就是数字基建**。因此，笔者认为，新基建的内容以七个领域为基础，但不仅限于此，它可以扩展到整个数字经济生态系统（包括硬件和软件），为产业数字化和数字产业化提供全方位的支撑。

中央政府推动新基建发展，旨在推动中国经济数字化，占领数字经济制高点。数字技术的发展，使全球经济跨入了第四次工业革命的门槛。物联网、大数据、人工智能、机器人技术、自动化、区块链等前沿科技，正在改变商业结构和生产组织模式、人们的行为和思维模式、社会的运行逻辑和运作模式。这一时代背景，为中国实现高质量发展和产业转型升级，提供了机遇。

目前，数字化已成为新一轮技术变革和产业升级的方向，成为构建现代化经济体系的重要内容。自 2017 年起，中国每年的政府工作报告均提出加快数字经济发展，加快对大数据、云计算、物联网等新技术的应用，发展智能制造。国家领导人在多个场合多次强调，中国要推进数字产业化和产业数字化，引导数字经济和实体经济深度融合。

通过对新基建概念的分析，可以看出新基建就是数字基建。新基建将为产业数字化转型提供重要支撑，是国家数字化战略的重要组成部分。习近平总书记指出："要抓住产业数字化、数字产业化赋予的机遇，加快5G网络、数据中心等新型基础设施建设，抓紧布局数字经济、生命健康、新材料等战略性新兴产业、未来产业，大力推进科技创新，着力壮大新增长点、形成发展新动能。"这句话，清晰阐述了新基建计划的根本目标，即推动中国经济数字化转型，占领全球数字经济的制高点。

新基建计划的短期目标是对冲新冠肺炎疫情的冲击。2020年，新冠肺炎疫情肆虐全球，多国经济已呈现停滞或半停滞状态。

对中国来说，2020年第一季度国内投资、消费出现下跌；第二季度国内疫情好转，但海外需求萎缩。国家统计局公布的2020年第一季度经济数据显示，2020年第一季度GDP同比下降6.8%，出现负增长。同时，1—3月固定资产投资同比下降16.1%。其中，民间投资同比下降18.8%，基础设施投资同比下降19.7%，制造业投资下降25.2%，房地产开发投资下降7.7%。

疫情过后如何恢复经济，已成为迫在眉睫的大事。而加快基建项目建设可以吸引大规模投资，创造和刺激新的需求，从而拉动经济增长。回顾历史，发展基建往往是各国应对经济下滑的"常规手段"，政府可以通过投资具有前瞻性、战略性的基建项目来稳定经济。

中国无疑是世界上基建能力最强的国家——全球最长的铁路、最高的桥、最大的水坝，以及许多施工难度超高的工程都出自中国人之手。中国基建的成果展示了其强大的经济实力、高超的工程技能以及积极打开海外市场的态度。

中国在过去几个经济下行周期中，也曾出台过大型基建刺激政策，以期拉动经济增长。2008 年全球金融危机之后，中国通过增加基建投资提振内需，实现了经济的稳步增长。当前全球疫情走势、经贸形势都存在巨大的不确定性，欲稳增速和填补缺口，加大固定资产投资是必然的选择。此时加快推出大规模的新基建计划，能够承担带动有效投资、推动有效需求、短期稳定并提振经济、长期提升发展质量的重大使命。

“危”与“机”，从来都是硬币的两面。新冠肺炎疫情对诸多经济领域造成了沉重甚至致命的打击，但同时也催生了新经济模式，促使政府迅速落实新基建建设。

新基建是抗疫常态化背景下增强经济韧性的手段。新基建计划与 2008 年的“四万亿计划”虽然有类似的地方，都是逆周期调节的手段，但又有许多不同之处（后文将会详述）。正如序言里写到的，新基建计划经历了长达数年的酝酿，已成为国家中长期发展整体战略的一部分，而并非是新冠肺炎疫情期间突然推出的应急手段。国家加快推出新基建的步伐，赋予新基建计划短期稳增长的使命。因此，新基建计划既是对冲新冠肺炎疫情冲击的手段，又是推动数字经济发展、实现中长期发展目标的利器，是兼顾短期与长期、化危为机的政策。

事实上，无论出于短期目的，还是长期目标，投资数字经济将极大增加经济韧性和抵御未来风险的能力。

虽然中国在这场疫情中受到打击，GDP 首次出现负增长，但数字经济却迎来了一个发展机遇。疫情中，“宅经济”走红，不少企业抓住新商机，积极推广新业态、新模式，线上教育、线上医疗、线上办公等“云端经济”迅速崛起；无接触配送、无人零售、直播零售等快速发展，既刺激了市场消费，又在一定程度上满足了疫情期间人们在生活、工作、学习、娱乐等方面的需求。数字经济成为疫情期间弥补线下消费不足的重要力量。此外，在疫情防控工作中，大数据、人工智能、数字政务等科技手段也发挥了积极作用。

2020 年 5 月，阿里巴巴公布了截至 2020 年 3 月 31 日的企业业绩。数据显示，2020 财年，阿里巴巴的网站成交金额突破 7 万亿元人民币，涉及中国零售市场、全球零售市场及本地生活服务等多个业务。阿里巴巴成为世界上第一个年销售额突破 1 万亿美元的平台公司。而 2019 年全球 GDP 超过 1 万亿美元的国家仅有 16 个。

2020 年第一季度疫情期间，阿里巴巴集团收入同比增长 22%，主要原因是中国零售商业业务收入及云计算收入出现增长。其非公认会计准则净利润同比增长 11%，达到 222.87 亿元人民币。在全球经济受疫情冲击、大部分企业业绩下滑的时候，阿里巴巴的非凡表现凸显了数字经济的韧性和潜力，其逆势增长代表了平台上千万家数字化中小企业的经营状况，他们成为疫情下支撑起中国经济发展的重要力量之一，是中国经济面对冲击时所体现出的极大韧性的缩影。

疫情存在反复的可能性，我们必须做好抗疫常态化的准备。如今，疫情从根本上改变了消费者的行为和企业运营模式，数字化是大势所趋，这就意味着消费者将更广泛地拥抱数字化生活方式，企业将采用更多新的数字化工具与解决方案来发展和管理其业务。

要实现数字化转型，超前提供适当的基础设施尤为重要。2020 财年，阿里巴巴数字经济体全球年度活跃消费者人数达到 9.6 亿，其中

7.8亿来自国内。2020年3月，阿里巴巴的中国零售市场月活跃用户人数较2019年3月同比增长1.25亿，达到8.46亿。2020年3月，超过3亿日活跃用户访问了阿里巴巴旗下拥有数十亿件上架商品的平台并进行购物。截至2020年3月31日的12个月，中国零售市场年度活跃消费者人数达7.26亿，同比增长7 200万。在阿里巴巴这些增长的数据背后，是数字化技术、数字化基建、数字化供应链和物流解决方案的贡献，是中国领先全球的信息基础设施支撑的结果。例如，移动支付在移动通信等领域已实现全球同步；大数据、云计算、人工智能等重要技术也已广泛应用于物流领域。正是这些数字化基建，在这次疫情中发挥了支柱作用，支撑了阿里巴巴的亮眼业绩。

据专家预测，新冠肺炎疫情有可能持续数年，抗疫势必会成为生活的常态。在这样的背景下，顺势而为，做优做强数字经济，既能在短期有效缓解疫情带来的下行压力，又能增强经济韧性，这无疑是一个明智的选择。

新基建措施是大国博弈背景下中国的战略选择。从20世纪80年代开始，中国吸收了大量海外制造业以及与制造紧密相关的服务业，从低增值、低技术劳动密集型产业起步，充分借助海外资本和技术，一步步建立和完善自身的产业体系，培养自主创新能力，最终成为全球最大的制造业基地和全球产业体系最为完备的国家。在经济全球化背景下，中国经济持续高速增长，中国用几十年的时间走过了发达国家几百年的发展历程，走出了一条自己的道路，探索出了适合自身的发展模式，并且维持了自己的价值观和文明体系。

中国政府“集中力量办大事”的公共治理模式是基础设施建设又

快又好的保障，少有其他国家可以比拟。

中国推出的新基建计划，是顺应科技革命新趋势，提升经济发展韧性，打造数字生态支撑体系，推动数字经济发展的长期举措，与国家中长期转型方向一致。同时，新基建计划更是中国在国际竞争环境下，占领信息技术和数字经济制高点的必然之举，具有重大的战略意义。

当然，我们也应该看到，在全球新基建竞争中，中国有优势也有短板。数字经济革命在全球发轫，其威力和前景已初现端倪。在中国提出新基建计划的同时，全世界都在加快新基建的布局，迎接新一轮的全球科技革命和产业变革。

例如，全球移动供应商协会 2020 年 1 月发布的数据显示，截至 2019 年年底，全球有 119 个国家和地区的 348 家运营商正在进行 5G 投资，其投资的形式包括测试（试用）、获得牌照、部署网络和启动服务。77 家运营商宣布已在其网络中部署了符合 3GPP 要求的 5G 技术 。

再如，国家互联网信息办公室 2020 年 4 月总结了全球在新基建方面的竞争态势，并指出在 5G 方面，目前中国、韩国、美国、日本处于全球第一梯队。其中，韩国已在 2019 年 4 月率先开始将 5G 技术应用于商业领域。在人工智能技术方面，目前美国仍处于世界前沿。在数据中心方面，2018 年美国超大规模数据中心总量占全球的 40%，服务全球市场；而中国的数据中心主要服务于国内市场。

此外，欧盟也开始布局新基建。2020 年 3 月，欧盟委员会发布了新的《欧洲新工业战略》，提出打造欧洲数字未来的愿景，包括欧洲保持技术与数字主权、让欧洲成为全球数字领导者等。该文件提出，欧洲未来会重点关注以下三个方面：①加大在人工智能、5G、数据和元数据分析等领域的研究力度和资金投入；②制定公共数据管理框架，允许企业创建、汇集和使用相关数据；③尽快开展6G网络的研究并投入资金。

相比之下，中国的新基建计划落实的可能性更大，根本原因在于中国的体制和拥有的诸多优势。今日的中国早已是世界基建大国，这是因为中国有顶层设计的驱动力，有全世界最多的外汇储备的支持，有能够“集中力量办大事”的公共治理模式，有多个具备全球最强基建能力的国企，还有巨大的内需市场的支撑等。

发挥优势，补齐短板，是中国在全球新基建竞争和数字化产业革命中取得领先地位的保障。

3. 新基建的模式

基础设施建设具有规模大、投资多、建设周期长等特点，只有达到一定规模才能有效发挥作用。同样，新基建也存在显著的规模效应问题。当达到临界规模（critical mass）后，边际成本将快速下降，从而大幅提升效益。例如，电子商务、移动支付、云计算等平台均非常依赖市场规模，规模越大，效率越高。而当达到一定规模后，其边际成本接近零。因此，规模是数字经济发展的重要条件，新基建要有效益，必须达到相当的规模。

基础设施的建设有多种模式。

第一种是“超前”模式，又叫“规划驱动”模式，即基础设施的建设超前于经济发展的水平。虽然这种模式在初期会存在设施使用率不高的情况，但由于优良的设施能够直接带动生产部门扩大规模，推动经济迅速发展，因此设施的使用率会得到提升，也就是“供给带动需求”。对处于快速上升期或者资本充足的经济体或城市，“超前”模式是可取的。

第二种是“同步”模式，即基础设施的建设大致上与经济发展的水平同步。当然，基础设施一旦建成，其容量难以在短期内改变，因此所谓的“同步”可视为“有限度超前”或“有限度滞后”。“同步”模式不存在设施大范围闲置的问题，所以经济效益较高。但其缺点是，在经济快速上升的地区，“同步”会很快变成“滞后”。要想精准地实现同步，就要对经济发展前景及对基础设施的需求有比较准确的预测。

第三种是“滞后”模式。由于资金不足，无法及时投入基础设施建设。滞后的设施会限制经济增长，因此这种模式是不得已的选择。

中国推动新基建发展，宜采取“适度超前”的模式。一方面，新基建的关键在于“新”，因为前所未有，所以难以较为准确地预测未来数年内社会对其的需求量。另一方面，基础设施一旦建成，其容量、运营能力在相当长的一段时期内难以改变，不可能随时调整，如果对需求量预测不准确，就很容易出现需求超越容量的问题。这时，设施不足便会限制经济发展。此外，由于数字科技的巨大潜力和强大的赋能作用，很可能会出现“供给推动需求”的情况。因此，新基建的规模宜适度超前，只有先于经济发展的阶段进行全盘规划和建设，才能有效满足未来快速增长的市场需求。此处强调的“适度”二字，便是强调在超前建设的同时，还要顾及投资、运营成本和效益问题，尽量避免资源闲置和浪费。

中国是基础设施建设适度超前的最大受益者，其强大的产业链、强劲的外贸表现、互联网经济和高科技产业的迅猛发展，均在一定程度上得益于基础设施建设的适度超前。当前，中国数字经济尚处于起步阶段，市场需求仍在培育当中，存在供大于求的状况是可以理解的，但不能因此放慢建设的步伐。

据不完全统计，已有 25 个省、直辖市在 2020 年政府工作报告中明确提出新基建。以广东省为例，2020 年全省将新建 6 万座 5G 基站，新基建投入预计超 500 亿元人民币。广州开发区在全国率先推出针对新基建的产业政策——《广州市黄埔区　广州开发区　广州高新区加快“新基建”助力数字经济发展十条》（简称“新基建十条”），投资力度之大、政策出台之快，足见地方政府对新基建的重视程度。这些建设将为未来的经济数字化转型升级奠定重要基础。

所以，**新基建需要建立政府主导、民间参与的多元投融资体系。**基础设施具有公共物品的特征，能产生巨大的外部效益。新基建与传统基建一样，具有公共性、通用性、基础性，需要政府在规划布局、政策引导等方面充分发挥引领作用。

新基建是典型的资本和技术密集型设施，其建设和发展的核心是技术创新。一方面，新基建项目的开展依赖高速宽带、数据存储、算法应用等领域的大规模基础设施建设和研发投入，需要庞大的资本和资源投入；另一方面，新基建的技术性、专业性以及市场不确定性相对较强，需要统筹各方创新来源，形成足够的技术力量，方能建构起国家的数字基建能力。从全球范围来看，通过在国家层面制定数字经济发展战略和产业发展政策来推动数字基建的建设，是全世界的发展潮流。

自改革开放以来，我国基础设施建设领域出现了大量建设与运营的创新模式，包括建造-运营-移交模式（build-operate-transfer，BOT）[①]、建设-移交模式（build-transfer，BT）[②]、转让-经营-转让模式（transfer-operate-transfer，TOT）[③]、TBT 模式[④]、公私合营模式（public-private-partnership，PPP）[⑤] 等。但事实上，在我国的基建投资中，政府一直是投资主体，占据着主导地位。而政府基础设施建设

---

① 这种模式最大的特点就是政府将基础设施的经营权有期限地抵押给企业，以获得项目融资，或者说是基础设施国有项目民营化。在这种模式下，首先由项目发起人通过投标从委托人手中获取对某个项目的特许权，随后组成项目公司并负责进行项目融资，组织项目建设，管理项目运营，在特许期内通过对项目的开发运营以及当地政府给予的其他优惠来回收资金以还贷，并取得合理的利润。特许期结束后，应将项目无偿地移交给政府。在 BOT 模式下，投资者一般要求政府保证其最低收益率，一旦在特许期内无法达到该标准，政府应给予特别补偿。

② 在这种模式下，项目发起人（政府）与投资者签订合同，由投资者负责项目的融资、建设，并在规定时限内将竣工后的项目移交项目发起人。项目发起人根据事先签订的回购协议分期向投资者支付项目总投资及确定的回报。

③ 这是一种通过出售现有资产以获得增量资金进行新建项目融资的一种新型融资方式。在这种模式下，首先私营企业用私人资本或资金购买某项资产的全部或部分产权或经营权，然后，购买者对项目进行开发和建设，在约定的时间内通过对项目经营收回全部投资并取得合理的回报，特许期结束后，将所得到的产权或经营权无偿移交给原所有人（如政府）。

④ TBT 就是将 BOT 和 TOT 融资方式组合起来，并以 BOT 为主的一种融资模式。在 TBT 模式中，TOT 的实施是辅助性的，采用它主要是为了促成 BOT。TBT 的实施过程如下：政府通过招标将已经运营一段时间的项目和未来若干年的经营权无偿转让给投资人；投资人负责组建项目公司去建设和经营待建项目；项目建成开始经营后，政府从 BOT 项目公司获得与项目经营权等值的收益；按照 BOT 和 TOT 协议，投资人相继将项目经营权归还给政府。实质上，政府将一个已建项目和一个待建项目打包处理，获得逐年增加的协议收入（来自待建项目），并最终收回待建项目的所有权益。

⑤ 在这种模式下，政府针对具体项目特许新建一家项目公司，并对其提供扶持措施。然后，项目公司负责进行项目的融资和建设，融资来源包括项目资本金和贷款。项目建成后，由政府特许企业进行项目的开发和运营，而贷款人除了可以获得项目经营的直接收益外，还可以获得通过政府扶持所转化的效益。

的融资渠道比较单一，主要是地方政府举债，存在隐性的债务风险。

因此，新基建建设的资金来源不能单纯依靠传统路径，需要通过建立新机制来保障。事实上，新基建具有基建与产业高度结合的特征，这使其产生了很多创新的建设模式能够实现产业发展与基建建设相统一。

新基建的很多建设者本身就是使用者，在这种情况下，新基建的投资、建设、运营的模式可以有很大的创新空间。以云计算为例，其核心是以互联网为中心，在网站上提供快速且安全的云计算与数据存储服务，形成“云”，让每个用户都可以按自己的需求量使用云上庞大的计算资源与数据。也就是说，计算能力作为一种商品可以在互联网上流通，就像水、电、气一样可以方便地取用，且获取资源不受时间和空间的限制，只需按照用量付费。水、电、气是公共基础设施，但云计算既可以作为基础设施，又可以成为产业。例如，阿里云是目前全球排名第二的云计算及人工智能科技公司，以在线公共服务的方式，为制造、金融、政务、交通、医疗、电信、能源等众多领域的企业，提供计算和数据处理服务，让计算和人工智能成为普惠科技。

除了云计算，大数据中心、人工智能平台等均可作为基础设施供大众、平台建设者或商业使用。因此新基建可以采用企业自建、自营，或政府建设、企业经营，抑或使用者联合投资，政府提供各种优惠、补贴的模式。

通过国家层面的部署和顶层设计，发挥先导性作用引领市场，同时鼓励和引导技术水平处于领先地位的民营科技企业参与其中，对新基建来说尤为重要。

新基建的模式有三类。

第一，政府投资模式。部分基建项目的公共性和外部性强，投资体量庞大、资金成本高、回报周期长，且需要庞大的技术体系支持，有可能涉及国家安全。适用于这一模式的基建项目包括特高压、城际轨道交通、卫星通信、科教基建等，应由政府主导。此外，传统基建的数字化融合升级，也应纳入政府投资、主导的范畴。

第二，政府带动民间投资模式。适用于这一模式的基建项目具有外部性、通用性、基础性，但对投资规模的要求相对较低，且投资回报周期较短，可以商业化、产业化运作。这一类项目需要政府在顶层设计和规范标准设定、法规完善等方面发挥作用，并适当提供政策支持、补贴扶持，同时促进企业间的协作。政府的作用还包括防止“一窝蜂”涌入，造成过度投资和资源浪费。新能源充电桩、大数据中心、人工智能平台等都可纳入这个范畴。

第三，民间投资模式。适用于这一模式的基建项目主要是商业化前景较为清晰的科技项目，例如一些直接针对企业或个人的痛点，以应用场景为出发点的项目。此类项目对实际问题的针对性更强，商业化前景更为明朗。同时资本回报率由市场机制自动调节，能有效筛选高质量标的。

目前，中国政府整体负债水平不高，中央政府杠杆率较低。为缓解地方财政压力，可以适度提升中央政府的杠杆率，扩大基建投资规模。其他可用的筹资手段还包括提高赤字率，增发长期国债、专项债、地方政府债券、政策银行金融债等。与此同时，为吸引更多社会资本进入，还需要推进市场化改革，降低基建投资的市场准入门槛，减少对民营资本的限制。对于收益可观的项目，要鼓励其面向市场，并欢迎民间资本进入，平等地看待所有投资主体，保证各市场主体享有同等权利与责任。

作为数字基础设施的建设，新基建将承载海量数据，且数据的来源和类型会日益多元化。政府需要围绕数据交换、数据接口、数据融合、数据共享、数据安全、数据归属、开放模式等关键问题，强化标准体系建设和发展路线研究，发挥规范引领作用。因此，新基建除了强调硬件建设外，还要强调软件建设，并且在建设初期就要求用户深度参与。

新基建的软件建设包括两方面：一是技术层面的软件建设，二是观念和道德层面的软件建设。

技术层面的软件包括计算机软件及其应用、技术标准等。新基建具有极强的科技属性，而软件又是信息和数字技术的灵魂，如果缺乏高性能的软件，硬件和计算资源就难以有效转化为生产力。目前，我国数字技术发展的一个整体特点就是“硬件强、软件弱”；而在软件业方面则存在“轻基础、重应用”的现象，基础性软件或依靠国外进口，或直接应用国外的开源代码。

中国是全球第一制造业大国，但在工业智能软件方面仍然与国际领先水平存在差距。工业软件基本被 SAP、西门子、达索等国外公司垄断，辅助芯片设计的 EDA 软件则完全被国外大厂垄断。这让中国处于比较被动的境地，不仅必须支付昂贵的费用，还要受国外科技出口的各种管制。国外某些可用于军工的软件也严禁出售给中国，这影响了中国科技的全面发展。

所以，**新基建要发展，还需克服计算机软件创新研发的短板。**这一过程，不能脱离应用场景和商业模式，因为数字技术需充分融入各个产业，与商业、工业场景结合，为各个产业提供产品、服务和解决方案，解决客户的实际问题。同时，还需要政府或行业组织快速建立可靠、一致、相互协调、相互支撑的标准体系。这一方面能够贴合产业发展需求、激发企业主体活力，另一方面又能够大力引导横向、纵向的产业合作，促进行业能力互享，协作解决行业的主要瓶颈问题，提升产业链效率，避免无效重复建设。

观念和道德层面的软件则是政府在构建行业法规和行为准则时，从观念和道德层面规范科技活动，对各种应用场景的伦理和责任归属做出的明确的法律规定。这类软件保障人们的切身利益、生存条件和生命健康，促进可持续发展。

2020 年 2 月，欧盟有关方面和微软、IBM 等科技巨头共同签署了《人工智能伦理罗马宣言》。该宣言指出，人工智能技术应尊重个人隐私，以可靠而无偏见的方式工作，考虑所有人的需求，并以透明方式运作。这表明欧盟担忧人工智能的负面影响，认为人工智能系统尚处于研究阶段，其做出的决定往往难以预测。这是欧盟推动全球数字经济监管新标准的最新举措，未来将对人工智能和数字经济发展产生一定的影响。此外，欧盟颁布的《通用数据保护条例》几乎已成为全球通行标准，目前已有约 120 个国家受其影响，通过了类似法规来保护隐私。对欧盟而言，制定较为严厉的监管规则虽然在一定程度上限制了成员国人工智能的快速发展，但是可以有效保护消费者权益。

也是在 2020 年 2 月，美国白宫科技政策办公室发布《“美国人工智能计划”：首个年度报告》，该报告可视为旨在提高美国在人工智能领域的领导地位的国家战略。该报告指出，人工智能对社会影响的真实程度仍然未知，而负责任的做法是在促进其创新应用的同时，保护经济和国家安全，保护公民自由和隐私。这就需要建立公众对人工智能的信任，并为人工智能的发展提供监管指导，制定相关技术标准等。

可以看出，数字技术本身虽然是中性的，但其对社会的影响具有两面性。如何在推动数字经济发展的同时，兴利除弊，合理把握发展的方向，需要政府在法规、规范、标准、监管等层面下功夫。

数字鸿沟（digital divide）问题也与新基建的观念和道德软件相关。自20世纪末美国率先提出数字鸿沟问题以来，对数字鸿沟和数字不平等（digital inequality）的研究已形成一个学术流派。大量研究指出，在全球信息化、数字化的进程中，不同国家、地区、行业、企业、社区、个人，由于物质条件、素养水平和社会分层的原因，对信息、网络技术的拥有程度、应用程度以及创新能力存在明显差别，从而造成数字鸿沟。

在2020年新冠肺炎疫情的影响之下，中国大中小学均推迟了春季学期的开学时间，多地开始推行网上教学。其间，中国发展研究基金会对宁夏、重庆、湖南、云南、江西、四川、青海、贵州八个省（自治区）的21个县的中小学生和老师进行了线上学习调查。结果显示，县城学生中仅有1.4%反映无法正常按时进行信息化学习，但农村学生这一比例则达到11.5%。农村学生能够按时上网课（54.1%）的比例显著低于县城（80.1%）和乡镇（70.3%）。此外，有43.8%的农村家庭安装了宽带等网络设备，这一比例仅相当于县城学生家庭的一半。

51.8%的农村学生使用手机流量进行网络学习，61.1%的农村学生反映网络稳定性影响学习，而县城学生只有17.2%反映了这一问题。

上述调查显示，偏远农村数字化基础设施往往较差，学生不能按时、顺利地开展线上学习，教育资源无法共享。这无疑拉大了疫情期间城乡教育的差距，这种差距更可能对学生正式开学后的学习造成持续影响。此外，乡村教师也面临信息化教学的挑战，他们普遍不太适应手机授课，甚至没有像样的手机，部分教师资源更因疫情而“闲置”。农村与城市之间的数字鸿沟，会对社会流动和社会分层产生重要的影响。提升农村现代化、实现公共服务等均已迫在眉睫。

还有一个常见的数字鸿沟案例是移动支付。中国是电子支付最为发达、应用最为广泛的国家，但电子支付高度依赖移动互联网和智能手机，这给老年人口、贫困人口等技能水平较弱、接入条件较差的人群带来了挑战。某些商家拒收现金，一些人倡导的“无现金社会”，让这部分人寸步难行。

数字化革命进行得如火如荼，新的技术手段正与经济和社会生活的方方面面深度融合。但同时，存在“被互联网遗忘的角落”却是无法忽视的事实。经过多年的发展，数字鸿沟在全球、国家和地区这三个层面都出现了持续扩大的态势，这势必加剧经济发展的不平衡。越是相对发达的地区，就越拥有相对完善的数字化基础设施、相对便捷的数字接入和相对高的数字经济份额，这进一步扩大了其与不发达地区之间的经济发展差距；越是相对富裕的群体和阶层，越能更早融入数字经济体系，享受数字技术所带来的便捷和高效，从而进一步巩固其在财富的创造与分配过程中的优势地位。从这个意义上看，数字鸿沟有可能演变为“财富鸿沟”“阶层鸿沟”“权利鸿沟”和“知识鸿沟”，甚至在某种程度上有可能形成“数字霸权”。

上述事实对于社会的稳定发展来说是无法忽视的潜在风险。我们应该清晰地看到，数字技术具有高渗透性，是一把“双刃剑”。我们在全力以赴推动数字革命、参与全球数字竞争的同时，更需要建立起与数字经济相适应和匹配的治理能力，肩负起社会的责任，尽力去消除数字鸿沟及其带来的种种不公平现象。

新基建布局在蓬勃发展的城市群中，可以服务数量更多的人口和更丰富、密集的经济活动，因此产生最大的经济和社会效益，同时还将给城市群带来新的发展机遇。但互联网的接入条件却是“第一道数字鸿沟”，不能接入基本的数字化基础设施的人群和地区，势必将被全球数字化的浪潮所湮没。因此，充分考虑数字鸿沟的影响，关注欠发达地区数字化基础设施的接入和使用，打破弱势群体与数字鸿沟之间的恶性循环，并深化互联网治理改革，这些在新基建计划中极其重要。在这方面，政府必须积极干预，负起主要责任，并引导社会资源进入，充分发挥新技术的优势作用，改善欠发达地区网络基础环境，提高该类地区数字化服务能力，填平数字鸿沟。这正是新基建的社会责任。

当然，数字鸿沟也是全球问题。在全球数字化进程中，不同国家因数字经济发展程度不同，产生了国家之间的数字鸿沟，直接影响这个国家未来的发展前景。2019 年 9 月，联合国贸易与发展会议发布《2019 年数字经济报告》，指出全球使用互联网的人数在过去 20 多年里迅速增加，数字技术的快速发展与传播正在改变经济和社会活动，并创造了巨大的财富。但是，世界上超过一半的国家尚未接入互联网或是只有有限的机会接入互联网。在数字经济创造新机遇的同时，不断扩大的数字鸿沟让广大发展中国家，尤其是不发达国家远远落后。报告呼吁全球共同努力，缩小数字鸿沟，建设惠及所有人的、具有包容性的数字经济。

总而言之，新基建不能完全依靠政府的力量。我们应从具体领域和具体项目出发，分析其发展阶段和风险收益特征，确定是由政府主导、是引导市场参与，还是留给市场调节。与此同时，设计新基建投融资模式时，也应进一步深化投资领域改革，大力吸收民间资本，尤其是民间科技资本的参与，探索全新的基建投资机制，形成真正多元的投融资体系。

第二章

新基建如何影响未来

新科技会使人类的生活方式、工作模式发生改变。同样，新基建也将给我们的生活、学习、工作、公共服务和城市群发展带来极大的改变。对此，我们应该勇敢地迎接变化，坚定地迈向新世界，拥抱更加美好的生活。

要推动新基建的发展，未来不仅需要“独角兽”企业，还需要更多“斑马”企业一同参与创新。创新不能只靠颠覆，发展也不能只靠“独角兽”企业，打造人类命运共同体只有建基在“斑马”企业、“斑马”心态上，才能共商、共享、共荣。

不少人开始将目光投向新经济、新能源、新材料等，尤其是新基建出现之后，以数字经济为代表的新经济广受热捧。不管新经济还是旧经济，能给人们带来幸福生活的就是好经济，毕竟“经济”就是“经世济民”，不分新旧。

1. 新基建带领我们勇敢走向新世界

首先，我们简单归纳一下新基建将为我们带来的新机遇。

新机遇之一——赋能制造业的数字化转型。新基建对制造业的带动包括了几个方面的内容。首先，新基建的投资和建设本身会带动与其直接相关的上下游产业的发展，给相关领域的设备、硬件、软件、制造、材料等带来极大需求。例如，5G 基建本身有非常广泛的上下游产业链条，在硬件方面涉及芯片、器件、材料、精密加工等；在软件方面则有操作系统、云平台、数据库等。5G 的建设，无疑将直接带动这些产业的制造、服务需求。再如，新能源汽车充电桩是电动汽车产业的关键配套设施，也是制约其发展的瓶颈。新基建加快新能源汽车充电桩的建设，能带动新能源汽车产业的整体发展，并刺激有关消费和服务。

其次，新基建作为数字基建，其应用将推动制造业的数字化进程，推动制造业企业提升自身的数字化协同能力，拓展新的制造场景，为制造业的数字化提供支撑。具体来看，产业互联网的深度应用需要生产环节的在线化（物联网），需要大量存储空间（大数据中心），需要安全、高速、低时延的网络（5G 网络），需要对生产过程各环节的智能化控制（AI），以及强大的算力支撑（云计算）。

数字技术加速向制造业渗透，将逐步改变制造业中人与人、人与物、物与物之间的联系和互动方式，改变效益产生的规则和逻辑，推动商业模式的创新，并推动新材料、新器件、新工艺和新技术的研发应用，促进制造业技术改造和设备更新，为新技术的发展，为新产业、新模式和新业态的形成与大规模商业化提供必要支撑。未来，以人工智能与产业互联网应用技术为基础的新制造业将成为主流。

在当今的国际环境下，中国数字经济发展及新基建将逐步实施进口替代策略，信息化系统软件、信息化装备等将按照国家安全要求建立清单制度，最终形成以国产为主的生产体系。这一策略，将会补齐中国数字技术发展的短板，实现数字技术的全面协同发展，从而提升国家的整体数字能力。

新机遇之二——赋能服务业的数字化转型。中国早已是服务经济体，服务业在中国经济中的比重接近七成。数字科技与服务业结合，将推动服务业数字化、网络化、智能化，这不但能创新服务模式，还能催生诸多新商业场景、新业态、新需求，有巨大的市场空间。

数据或者信息一直是金融领域的核心。多维度的数据包括现金流、物流、第三方征信等，能协助金融机构建立风控模型，更加精准地把握客户的信用风险。正因如此，金融业一直是与科技高度结合的产业，通过充分利用信息和数字技术来解决行业的痛点。金融科技（financial technology，FinTech）一词便是指通过科技手段来提供金融服务。移动支付、云端平台、人工智能等技术已融入金融产业，区块链技术更是诞生于金融领域。

金融的数字化将重塑金融服务生态，提高金融服务实体经济的效率。例如，因为缺乏数据，中小企业在过去难以得到优质的金融服务，金融机构也因此难以把控风险。而如今，大数据可以帮助金融机构解决信息不对称问题，发现客户的特质，并通过人工智能来评估其经营能力和抗风险能力。

再如，供应链金融一直是中国大力推动发展的领域，但其在过去发展缓慢的原因是传统的供应链金融大多基于人际信任。未来，供应链金融必须依赖数字技术，通过建立强大的数字平台，提供实时、透明、互联互通、可追溯的数据，推动人际信任转变为数字信任，才有可能解决困扰行业的痛点，真正发展起来。

物流业是另一个可能因数字技术而发生根本性变化的行业。《5G 新产业：商业与社会的创新机遇》一书认为，5G 会使物流行业发生革命性的变化。万物互联解决了信息不对称的问题，可以极大地提升物流效率，并在物流园区、末端智能取件终端方面充分发挥作用。此外，5G 和物联网技术还可以在监控货物和人员，追踪车辆、无人机或无人车配送以及园区范围内的自动驾驶等方面发挥极大作用。

智慧物流的发展使诸多行业的生产效率大大提高。例如，以往工业产品的整个生产过程中，仅有小部分时间真正用于加工和制造，大部分时间用于储存、装卸、等待加工和配送。而智慧物流的发展，会进一步加快生产节奏、缩短生产周期，为工业发展助力。电子商务的发展亦高度依赖物流体系的支撑。智慧物流体系通过在各个地区建立智能分拣站点，运用大数据合理安排配送路线，快速匹配货品与客户，提升客户体验。

2019 年 3 月，京东宣布与中国联通合作，共同成立 5G、边缘计算、物联网等通信网络物流创新实验室，探索 5G 在智能园区、智能物流领域的应用。京东称，5G 和人工智能带来的是一个全产业和全链条的新技术。具体来看，在应用上，该技术能高效采集、分析数据，预测需求，据此动态调整库存、降低库存成本；自动化可以控制冷藏仓车，确保产品的质量；5G 的出现使所有产品信息迅速完整地传到云端成为可能，能完成从源头到下游供应链的追溯，保证产品的质量和服务。

新机遇之三——赋能农业的数字化转型。数字技术也能赋能农业转型。例如，天气不但会影响农业生产，还会影响农产品保质期。5G技术及物联网使布局大量天气探测器、建立双向互动的天气监控系统成为可能，并能帮助系统在获得海量信息的情况下快速产生综合的、可执行的结果，从而更精准、更及时地预测天气。再如，利用5G技术，农业智能大棚可以布置众多传感器和摄像头，时刻收集空气湿度、土壤成分、棚内温度等数据信息，并实现初步分析，形成生产决策，让农业生产可以“随机应变”。随着农业的智能化，农民还可以通过控制生产区域内的一系列智能生产设备，最终实现整片区域的精准农业生产管理。

此外，以往农民在农产品的产销供应链上的角色比较被动，工作辛苦，但获益较少。而数字技术的应用将更流畅地联系供应链上的各个环节，包括初产品的深加工、销售、物流等，在提升效率的同时，也能让农民更好地参与其中，改善生活环境。

新机遇之四——赋能消费领域的数字化转型。疫情对经济的最大冲击在于使传统线下消费断崖式下跌，其中以交通运输、旅游、住宿、餐饮、教育、娱乐为主的线下聚集型服务业受影响最为明显。但同时，疫情也强化了消费者线上消费的习惯，推动了“线上生活”“云端经济”的形成和发展。这促使传统零售业和面对终端消费者的服务业需要进行数字化转型，这些行业需要充分利用大数据、云计算等创新技术，改变固有的经营思路，全面再造用户、场景、供应链，尽可能地满足用户对空间多样性、时间即时性的需求。

例如，疫情期间，生鲜电商、无接触配送、无人零售、短视频带货、直播零售等以在线交付为特征的新零售业态，成为疫情期间引领经济增长的重要力量。零售企业纷纷开始构建全渠道智慧零售体系，以实体店为基础，不仅在销售环节进行线上、线下的融合，还通过数字技术运营资产、流程、供应链等，在线上和线下与消费者及所有合作者对接。

再如，疫情催生了中国线上医疗的新态势，在线医疗咨询平台快速发展，病人可以在网上描述自己的疾病症状，向外地的医生进行咨询。同时，在线心理咨询也逐步发展起来。此外，在线教育、远程办公、在线文化娱乐等新兴服务的需求快速扩张，消费新热点在疫情期间迅速崛起，平台经济、共享经济等新经济模式不断涌现。

总体来看，线上经济的创新，不仅能够满足疫情期间人们生活、工作、学习、娱乐等方面的需求，也刺激了市场消费需求，对提振经济、缓冲疫情带来的下行压力起到了积极作用。新基建的发展，势必进一步推动消费的数字化，催生大量新的消费场景和模式，让线上、线下平行时空无缝衔接，带动消费增长和升级。

新机遇之五——赋能建筑业的数字化转型。建筑业是国民经济的支柱产业之一。中国国家统计局数据显示，2019 年，建筑业增加值占国内生产总值比例达到 7.16%，创近十年新高。

“稳就业”成为经济恢复的重中之重。建筑业是劳动密集型产业，新基建项目的大力推进，直接刺激建筑业的有效需求，并带动就业。建筑英才网的招聘数据显示，截至 2020 年 4 月下旬，建筑业招聘需求与上年同期相比增长超过一成，达到 10.3%。当然，这并非完全是新基建项目带动的，但随着未来新基建项目陆续上马，建筑业的就业需求会持续增加。

新基建还会推动新建筑模式的出现，智能化、绿色化、精益化将成为未来建筑业的新特征。尽管中国有全球最大的建筑市场，但当前中国建筑业存在数字化、智能化程度较低的问题，这成为建筑业提升发展质量的障碍。因为跨省流动建筑工人数持续减少，就近就业、就近城镇化成为大趋势，尤其是建筑业对年轻人的吸引力较低，行业“招工难”现象加剧。而疫情下，传统建筑企业要开工和生产更是难上加难。同时，“就业难”与“招工难”这对矛盾，作为建筑业的另一难题在建筑业常常同时出现，数字科技推动新建筑模式的出现，将给行业带来深刻影响，也许能为解决这种结构性矛盾提供帮助。

在这样的背景下，通过数字技术为传统建筑业赋能，推动其向网络化、数字化、智能化方向的发展迫在眉睫。建筑业的数字化转型既能提升效率，减少对环境的污染，又能改善建筑工人的工作环境，加大行业对年轻人的吸引力。市场研究与咨询机构 Omdia Tractica 的最新报告指出，建筑业的颠覆时机已成熟，越来越多的建筑公司正在整合机器人技术，让机器人代替人工执行各种建筑任务，以期改变建筑方式，解决劳动力短缺问题，从而使建筑业的生产更加安全、高效。

数字化时代，建筑业的改变还体现为建筑对象的改变。传统的建筑物、设施将逐渐被智能化住宅、智能化办公和智能化交通系统等所取代。这将成为数字时代数字化、智能化、网络化生产和生活的体现，并为我国实现以创新为驱动力的经济转型提供动力。

新机遇之六——赋能城市群的数字化转型。基础设施建设需要有规模效应，需要适度超前，走在经济发展的前面。新基建成为国家战略，将为国家培育经济增长新动能、占领未来数字经济制高点提供支撑。在这样的背景下，多个省（自治区、直辖市）争相布局新基建，在多地新公布的2020年重点项目投资计划清单中，5G基建、智能装备、人工智能等项目成为引领新一轮投资的亮点。

然而新型基础设施建设在哪些区域，才能服务更多人口，发挥最大效益呢?

近年来，中国城市化进程加快，2014年至今，有约1亿人口从农村转移到城市。未来10年，这个趋势还将持续下去。新增城镇人口并非在全国600多个城市中平均扩散，而是汇集于城市群中。国务院2014年发布的《国家新型城镇化规划（2014—2020年）》指出，过去，中国城镇化的主要策略是以城市群作为吸纳新转移人口的载体，城市群已成为中国城市化的典型特征，成为人口、产业、消费的净流入地。3个核心城市群（京津冀、长三角、粤港澳大湾区）和8个大型城市群（成渝地区、长江中游地区、海峡西岸经济区、山东半岛地区、中原经济区、江淮地区、辽中南地区、哈长地区）的人口规模都在3 000万以上，个别城市群人口规模甚至超过1亿。这些城市群不仅是新增城市人口的集聚地，也是经济活动和产业发展最集中、发展机遇最丰富、最具竞争力的地区。预计这些城市群及其城市成员将成为新基建的核心载体。同时，新基建的这种布局也将强化城市群的格局，给城市群带来新的发展机遇。

新基建的布局在追求效率的同时，还必须兼顾伦理和社会公平。数字鸿沟将加大社会阶层的分化，而新基建的布局将会给数字鸿沟的现状和未来带来深刻影响。如何让更多的人受益于数字经济的发展，是新基建计划始终要面对的问题。

下面以粤港澳大湾区未来的发展作为案例来说明新基建为城市群带来的改变。数字经济离不开科技创新，而科技创新一直是粤港澳大湾区经济发展的核心竞争力。作为全球四大湾区之一，粤港澳大湾区正在加快建设国际科技创新中心。粤港澳大湾区内约有 1 800 家公司在全球不同资本市场上市，高新技术企业占比达 70%以上，新兴战略企业占比达 50%。在发明专利数量方面，粤港澳大湾区共有发明专利 25. 80 万件，而其他三大湾区发明专利的总和仅为 23. 31 万件。

粤港澳大湾区工业经济发达，产业配套齐全，加之人口密集，消费能力比我国其他城市高，商业经济活动比其他城市频繁。随着粤港澳大湾区建设推进，三地优势互补，联动逐渐加强，使得商业创新进一步活跃，新模式、新业态层出不穷，如在线教育、生鲜电商及在线医疗等。电商的崛起和发展，加速了粤港澳大湾区内产业的流程、渠道、营销、运营等各个环节的数字化、互联网化和智能化，数字经济已经在不知不觉中带来了各种各样的改变。粤港澳大湾区在数字商业、数字产业、数字基建、数字社会等方面将大有可为。

粤港澳大湾区在区内人流、物流、资金流等资源要素加速自由流动且未来各种资源存量趋紧的压力下，可以通过借助数字化的创新手段，如 5G 及人工智能技术的应用等，为经济活动注入更多活力，推动整个大湾区的发展与创新，实现经济可持续发展。粤港澳三地也需要进一步加强合作与交流，共同推进数字经济及数据治理的发展，从而有效构建三地在全国的发展格局，提升三地在全球产业链、价值链中的重要性和影响力。

新机遇之七——赋能公共管理模式的数字化转型。数字经济革命既为政府提升治理水平带来了巨大的挑战，又为其提供了新的途径。

一方面，新基建本身涉及市政、交通、安全、环境、信息等多个公共部门，这些部门需要用新的思维去适应新基建有别于传统基建的特殊之处。另一方面，随着“线上生活”“云端经济”的形成和发展，新商业模式、新产业、新经济结构不断涌现，线上医疗、线上教育、远程办公、线上文化娱乐等新兴服务模式快速扩张，亟须新的公共管理模式。政府部门若不能跟上社会数字化转型的步伐，其对社会的治理势必会受到影响。

不过，数字技术也给政府带来了业务创新、模式创新的契机。政务数字化的核心内容包括三方面：一是实现部门内部的数字化，有效增强政府决策的科学性和精准性，提升政务服务的效率和便捷程度。二是通过各部门之间数据的汇聚、整合，共享开放，实现部门之间的业务协同，使服务更高效。从监管的角度来看，由于部门之间数据共享、融合，相互的核验也就更加便捷，能够更好地提高政府决策的科学化水平。三是建立政府与社会之间的数字链接，实现政府数据开放。

在此次疫情防控工作中，大数据、人工智能等数字技术成为公共部门统筹公共卫生管控和稳定社会经济发展的重要手段。例如政府有关部门积极反应，充分利用数字技术收集、发布疫情信息，实现紧缺物资的信息协同与高效配送；及时上线防疫项目，帮助公众和企业便捷获取线上政务服务。这些举动有效保障了疫情期间生产生活的有序进行。再如，以“健康码”为代表的数字防疫手段被迅速推广至全国各地，协助各地职能部门落地数字化“网格管理”。此外，互联网平台能够快速感知谣言并快速辟谣，对谣言的传播起到遏制作用。目前，政府部门之间、政府与社会之间已经搭起了信息网络的基本框架，这使得全面数字化治理成为可能。这也是与2003年非典疫情期间相比，国家治理体系和治理能力得到大幅度提升的重要原因。疫情成为一个压力场景，倒逼了政务的数字化改革。

虽然如此，但中国在医疗体制、流通体制、应急管理体制和行政管理体制的协同方面仍有不少提升空间，不同层次的政府都需要将政务工作进行数字化、智能化、网络化转变。未来，基于大数据的平台集成管理将成为公共管理的新模式。

在政务数据开放方面，中国还有很长的路要走。美国前任总统奥巴马曾说，联邦政府掌握和维护的信息是整个国家的资产和财富，而政府只是这些财富的管理者。政府若能与社会共享非敏感数据，尤其是大量与民生、经济相关的数据，将极大增加政务的透明度，提高政府的效率和效能，更好地鼓励社会创新，推动经济、社会的发展，为“数字政府”和“智能城市”的建设打下基础。

当然，政务的数字化也需要数字化基础设施的支撑。政务的数字化涉及海量数据的收集、储存、计算、传输、分析，对5G、云计算、人工智能、物联网等新型基础设施的需求很高。新基建将会助力这一转变的完成。

新机遇之八——赋能传统基建的数字化转型。新基建与传统基建有诸多不同，但两者并非对立。一方面，新基建推动新的生产、生活模式产生，需要以传统基建为基础，并带动传统基建发展。例如，5G等新基建项目的建设和线上购物的发展，使生鲜电商有了较大的发展空间；而生鲜电商的发展需要冷链物流、仓储的配合，因此又会带动冷链物流和仓储的发展。再如，智能停车系统的发展，会带动立体停车场等的建设。另一方面，数字技术也是一种通用目的的技术，能与传统基建深度融合，对既有的传统基础设施进行数字化改造和升级。例如，可以充分借助物联网、云计算、决策分析优化等智能技术手段，对传统港口码头进行智能化改造，抓住港口供应链上各个环节的关键信息，实现各个参与者与各种资源之间的无缝衔接和协调联动，在港口管理方面做出智能响应，提升港口使用效率和安全性。再如，5G 技术规模化商用为车联网打开了突破口，通过对传统道路进行数字化、智能化的改造，可以固化一些道路标识、信号灯以及道路管理规则，为无人驾驶技术的应用和智能城市的建设奠定基础。

大多数传统基建都能进行数字化、网络化、智能化改造，成为数字化生态体系的一部分，并赋能其他产业。可以说，新基建将赋予传统基建新的功能和意义。

综上所述，新基建将给我们带来至少八个新机遇。那么，这些新机遇将如何具体改变我们的未来呢？

2000 年互联网新科技涌现的时候，很多人认为互联网会给人类工作、生活带来很大改变，并用“脱媒（disintermediation）”一词来形容这种改变。彼时，传统行业纷纷转型。但随着互联网科技泡沫的破灭，大量互联网企业倒闭，但民众依然能够深刻感受到互联网科技对工作、生活带来的改变，尤其是对出生于 20 世纪 90 年代、被称为“互联网土著”的年轻人来说。

2020 年，伴着互联网成长的“互联网土著”已经长大，他们已经习惯在网上工作、学习、娱乐，甚至购物、理财也在网上进行。他们不再拘泥于传统的生活方式，较容易接受新的事物，勇于拥抱科技，敢于拥抱转变，相信他们会成为新基建的首批客户。

同时，他们也是新基建的人才来源。他们懂得应用社交媒体去进行推广和销售，懂得运用算法去预测市场口味，懂得运用编程软件去设计新产品及服务等。高校及科研机构的研究水平也在不断提高，为支撑新基建提供了前沿技术，储备了高端科研人才。

这种改变也体现在商业领域。2012 年，第十四届中国经济年度人物颁奖现场上，从事传统地产的王健林与从事电商的马云打了一个赌：如果到了 2020 年电商在整个中国零售市场的份额占 50%，王健林就输给马云 1 亿元人民币；反之，马云输给王健林 1 亿元人民币。王健林打赌的底气在于当时万达百货在全国拥有 57 家门店，为万千实体零售商提供了经营场所。而马云正开足马力想要“颠覆”传统的实体零售行业。2012 年，淘宝（含天猫）的零售交易额首次突破 1 万亿元人民币，达到 10 007 亿元人民币。转眼到了 2020 年，王健林和马云谁胜谁负，相信读者已经有了答案。

笔者之一（洪为民）从事 IT 工作超过 30 年，他总结出了一条规律：新科技刚出现时，往往不受欢迎。其重要原因是人具有惰性，一般都不愿意改变，喜欢生活在舒适区里。但在特殊情况（非典、新冠肺炎疫情等）影响下，民众开始接受并使用新科技。随着中国大力推动新基建，未来将出现以下变化。

第一，交通出行更便捷。中国的高铁、城际快轨可以让距离为 300 千米或以上的通勤成为现实，不仅促进了城市生活圈的建立，还可以让未来的城市群进行更科学的分工，通过错位发展、优势互补，让城市发展得更好、更稳。而且高铁和城际快轨具有多线路、多站点的优势，可以让人们更好地选择适合自己的上下车站点，既方便快捷，又经济实惠。

在新基建的背景下，推动大数据、人工智能和5G的建设也会给交通出行带来很大的改变。无人驾驶的汽车技术已日益成熟，未来无人驾驶的场景可能会出现在公共交通中，如无人驾驶的公交车、出租车等，且未来的城市也可能因此而规划出无人驾驶和有人驾驶区域。如今的大数据和人工智能技术已经使人们的出行更加便利，到了无人驾驶时代，还可以进一步帮助人们选择最优的出行方式。

第二，进一步改变生产与供应链。首先，5G、大数据、人工智能等数字技术的发展和工业互联网的发展息息相关。例如，5G技术可以帮助工厂建设低时延、广覆盖和大频宽的工业互联网。过去的工厂大多采用Wi-Fi或者直接接线的方式，但有时Wi-Fi信号不稳定，而直接接线的设置又比较麻烦，而5G的高可靠性可以解决这些问题。5G的大频宽连接能力可以让大量的终端同时接入网络，“广覆盖”的特点也解决了厂房间距离较远而信号不佳的问题，能够保障设备不断线。数字技术可以使工业互联网更好地进行信息采集、图像采集、自动控制、远程控制、设备状态监控、质量和车间安全监控等，真正打造“关灯工厂”。

其次，供应链的改革又会改变生产、分销和消费者的关系，而最根本的改变是互联网思维。互联网思维的核心就是以客户为中心、以流量为导向。在过去，传统的生产模式实际上是一种“推”模式，企业将产品研发出来，然后生产，再推向市场。企业需要根据第三方的市场调查或是下游企业的反馈，才能知道某件产品在市场上是否受欢迎。在供不应求的时代，生产什么都能卖出去，但如今，企业需要了解并跟上市场的需求，特别是客户的潜在需求，才能生存和发展。

因此，**对于绝大多数企业而言，未来需要“拉”模式，即以市场需求为导向，以需定产。**互联网天生以客户为中心，根据需求来拉动后端并准备库存。很多互联网公司，如京东，其库存周转率非常高，平均库存周转周期可以控制在 25 天左右。但传统零售企业的库存周转周期则可能在 60 天以上。从资金利用率来看，互联网公司无疑更高效。新基建背景下的产业互联网，将是互联网发展的更高级阶段，能进一步改变工厂的生产与供应链状况。

最后，新基建增加了企业与未来产业链共生共荣的能力。以往企业可能只需集中做好自己在产业链上的业务即可，但如今的世界互联互通，一个“风浪”足以影响整个产业链，所以企业已经不能“独善其身”，而要全面整合上下游产业链，提高与外界共生的能力。例如，顺丰快递已不仅是一家物流公司，它还为客户提供信贷服务，提供礼品采购及快递服务，同时还设立快递点并提供短期存仓服务。

第三，线上、线下融合能力再上新台阶。2020 年新冠肺炎疫情期间，人们对线上、线下的融合能力有了更深的体会。不少企业复工后，为了避免太多人聚集在办公室，都安排员工在家工作。因此，企业就需要运用云端科技、数据中心的服务去支持员工远程使用、存取企业数据，保证工作效率。

疫情也迫使之前以线下为主的业务转向线上，例如教育、音乐、绘画、体育健身、医生问诊、会议展览等。线上、线下的融合模式能够更好地帮助企业开展业务。

第四，未来数字化的创新能力有所加强。在新基建背景下，企业需要数字化的创新能力，这不但是使用数据、把日常数据积累变成资产的能力，也是以数据去协助运营、进行决策和管理的能力，同时还包括对新科技的应用能力。例如，用手机处理不同的业务流程、远程办工；利用网上平台提供销售及服务；运用科技增加客户的黏贴度；运用人工智能及工业互联网创造更大的产业价值和客户价值；降低边际成本来实现规模覆盖，形成规模效应和网络效应等。社会、企业及个人需要拥抱新基建，增加数字技术应用和数字化创新的能力，从而发掘下一个增长点。

2. 新基建下的“独角兽”与“斑马”

“独角兽”一词于 2013 年由美国 Cowboy Ventures 的投资人 Aileen Lee 提出，指的是估值超过 10 亿美元且未上市的新创公司。Aileen Lee 将成功的新创企业比作神奇的独角兽，能够成为独角兽的新创企业，通常已经经历多轮融资，达到准上市（pre-IPO）标准；而能够成功达到上市标准的企业，其创新性及未来潜力已经得到投资者的肯定。社会对某些“独角兽”的不断追捧，已令其迷失了方向。在新基建背景下，“独角兽”是否真值得被市场追捧呢？

过去，互联网时代的经济生存法则是只有推动平台经济和生态圈发展，垄断整个行业，才有可能突围，打造成功的“独角兽”。例如，

AirBnB、滴滴打车、美团等都是成功的“独角兽”。

“独角兽”的出现是人的本性使然，而人的本性之一就是追求垄断。美国《纽约时报》曾报道，游戏“大富翁”的发明者美国人伊丽莎白·玛吉（Elizabeth Magie）曾为“大富翁”设计了两个版本：一个为反垄断版本，游戏中有人创造财富后，所有玩家都能够获得回馈；另一个为垄断版本，各玩家只有努力打压对手，才能成为大富翁。由于人的本性使然，玩家们都希望独占鳌头。最后，不出所料，垄断版本风靡全球。

不少企业创新、创业，是为了垄断。美国硅谷创新企业众多，但有一部分企业，如Google、Facebook、PayPal，一直都能占领市场，原因就在于他们的产品和服务独一无二，其他竞争对手难以匹敌。许多人认为资本主义的精神是竞争，但事实却相反，要发展出好的创业模式，企业应该保持独特优势，回避竞争。

在经济学上，某种程度上的垄断是可行的。美国克莱蒙森大学（Clemson University）经济系副教授徐家健曾引用芝加哥经济学派的相关理论称，政府要想透过竞争法管制产业链中制造、批发、零售等之间从上而下的“纵向关系”，后果往往是误中副车，因为“纵向限制（vertical restraint）”除了影响垄断之外，也会影响到市场的经济效益。他还指出，芝加哥经济学派并不认为“纵向限制”的商业行为都对社会有益，但能够提高经济效率的“纵向限制”不容忽视。只是如果政府要准确无误地分辨出少数损害消费者利益的商业行为且成本不菲，那么就建议政府“宁纵莫枉”，这才是竞争法对“纵向限制”应有的务实态度。

然而，如今我们却发现不少平台已经“退场”，例如某些共享单车和共享汽车平台企业，此类网络平台的双边补贴、企业并购策略、扩张策略，已经证明其多数难以维持长久。这些企业在攻占市场期间，会令市场失序，甚至遍体鳞伤。企业不仅要追求市场占有率，还要保证能够产生长远效益，并依据所属行业特点与运营角色进行调整，这样才能产生可持续的商业模式。这对“独角兽”来说尤为重要。

宏碁创办人施振荣也认为，“独角兽”是创投基金吹捧之下的产物。推动企业上市不是结束，而是一个开始，如果新创企业把上市当作终点目标，无疑会令市场投资者产生顾虑：企业上市之后是否还要继续发展？股东卖出股票大获其利后是否离场？对于新创企业创始人而言，创立企业是为了创造有价值、具备竞争力、能为社会和科技进步乃至为国家发展做出贡献的企业，而不是创造一个只懂得赚钱的企业。企业有责任去建构核心能力，因为有价值的企业才能长久生存，而企业的价值是“做”出来的。

所以，**在新基建时代，若市场仅以“独角兽”作为目标，则其并非是为了推动社会进步和经济发展。**初创企业应转换思维，不应把成功上市作为终极目标，然而一旦上市就必须向股东负责和社会负责。

和“独角兽”不同的是，“斑马”是真实的、共生的、群体的。“斑马”在成长之余也会保护及保留其他群体，“斑马”的信念是以个人的努力去成就整个社群的产出，不会通过牺牲别人来成就自己。**“斑马”没有“独角兽”那种颠覆及掠夺的思维，因为“斑马”宣扬的是共生的创新概念。**市场创新不一定要颠覆、否定原有的市场模式，微小创新也是有价值的，它同样能让不同群体共同进步、得益，共同推动社会的发展。市场需要“斑马”是因为其可以推动新基建的发展，而新基建的目的并非“颠覆”，而是利用和普及新科技，促进社会的进一步发展。

创新并非只是“崇拜新奇（fetishism of novelty）”和发明出全新的产品。无论是改良产品设计，使之更符合市场需求的“产品创新”，还是改善生产流程、物流体系的“流程创新”，都有可能是创业契机，都可以推动中小型创新企业发展、壮大。改良性创新才是未来经济的增长点和老百姓幸福生活的推动力。

值得指出的是，健康的市场应容纳不同行业的企业多元化发展，这些企业共同成长，共同创新，共同为社会做贡献，犹如“斑马”一样，共生共享。

对于初创企业来说，未来要以创新的思维协助不同行业的传统企业向数字经济升级转型，产生规模效应，一同得益。为了人类的可持续发展，“斑马”也要努力推动俭朴创新及循环经济，以最少的成本推动资源再生或资源重用，用科技提高效率效能，减少对资源的浪费。

所以，在新基建时代，初创企业应脚踏实地把企业变成市场中的“黑马”，再由“黑马”进化为可持续发展、能解决市场痛点、为人类解决问题、对群体及社会负责的“斑马”。要推动新基建的发展，未来还需要更多“斑马”一同参与创新，打造人类命运共同体，实现共商共享共荣。

3. 新基建如何影响公共服务、城市群发展

在地方政务服务方面，在线政务服务可以向数字化转型，以民为

本，着力解决市民日常生活的痛点、堵点与难点。数字化的在线政务服务可以为市民的生活带来更多方便，提升生活的舒适感及幸福感，使城市更加宜居。目前，新冠肺炎疫情防控激励了地方政务服务进一步数字化。例如，使用手机应用软件报送健康信息，追踪疑似及感染个案的情况及病历，提供跨城市使用的健康绿码等。政府也可以借助互联网提供疫情信息、破除谣言。截至2020年3月，我国各地方政府的在线政务服务用户规模人数达6.94亿，较2018年年底增长76.3%，占整体网民人数的76.8%。

在教育服务方面，新冠肺炎疫情在一定程度上促进了教育教学数字化的转变。线上教育并不仅仅是把教学课堂移至线上，同时还要建立数字化管理和考核系统、学费支付的电子财务系统，方便学生及家长跨平台使用。2020年年初，全国大中小学校推迟开学，2.65亿在校生普遍转向线上学习，在线教育应用呈现爆发式增长。根据调查，截至2020年3月，内地在线教育用户人数规模达4.23亿，较2018年年底增长110.2%，占整体网民人数的46.8%。由此可见，教育界应思考疫情后如何进一步开展数字化建设，尤其是如何增加线上辅助学习的功能。

在公共医疗服务方面，互联网医疗逐步变成医疗产业的必选项。新冠肺炎疫情期间，患者可以通过远程医疗解决个人的医疗需求。大数据、人工智能、云计算等数字科技，能在流动人员健康监测、疫情态势分析、机器人配送和红外人体温度快速筛检等方面发挥强大作用。这些都改变了人们对数字医疗的认知。

综上所述，要发展新基建时代的数字经济，就需要把大量的数据变成资产，打通信息孤岛这个痛点，释放数据价值，令数据成为生产要素之一，以此帮助运营和制定战略决策。

同时，发展数字经济、强化数字经济企业发展也需要实现资产数字化。要利用原生信息和全量信息，通过数字技术、脱敏及加密方案，对数据的数量、维度及密度进行计算、存储、分析和利用。实时高效、可信可靠的数据需要精密的技术和演算能力才能处理，但其价值更高。

新基建未来将令数字化管理落地，用数字化“帮 G（政府）管理、给 B（企业）赚钱、为 C（用户）服务”，并将数字经济广泛应用于不同领域，帮助各级决策者更好地进行管理和决策。因此，在新基建时代要建立好数据平台，提供共同数据服务，方便不同的数字参与者（政府、高校、研究机构、公有及私人企业等）参与，利用数字技术研发出更多创新应用。同时也要加快建设有关数据安全的规则制度，做好治理。从社会治理的角度来看，互联网企业可以为政府的数字化建设提供服务，帮助政府利用数据提升决策能力，提高政府治理水平，提升社区服务水平，让老百姓的获得感、幸福感、安全感更高。

4. 如何迎接新基建带来的改变

新基建时代，以数字经济为代表的新经济蓬勃发展。那么，我们应该如何迎接新基建带来的改变呢？

当前世界各大经济体正经历数字化变革，从产品研发设计、生产制造到营销管理、服务支持等，数字化已经渗透产业链的各个环节。未来，数字经济将会是中国乃至全球实现经济可持续发展的路径之一。

随着5G网络、下一代互联网、互联网协议第六版（IPv6）等演化升级，国家的网络架构布局、通信技术体系、信息安全保障系统将得到提升，云端和大数据技术也将实现突破，能够深化可控操作系统、高端工业、企业资源管理及大型管理系统、新领域人工智能技术的自主创新，从而进一步推动数字经济的发展，协助旧经济企业向新经济企业转型。新一代光纤网络以及网络提速、降费等会为旧经济时代的企业进入“互联网+”时代提供更多推动力。

因此，我们要迎接、拥抱新基建所带来的改变，至少需要做好以下几点。

第一，更加主动地推动实体经济数字化。有人担心追捧以数字经济为代表的新经济，会重蹈互联网科技泡沫的覆辙，导致经济由实变虚，进一步泡沫化。确实，没有实体经济支撑的数字经济容易泡沫化，只有把实体经济数字化，虚实合一，才能推动经济稳定、健康发展。

如今，互联网无远弗届，网络化、数字化已成为不可抗拒的趋势。在新基建时代，我们还需要迎接新基建带来的数字化变革，并充分利用数字化基建释放更多产能，更有效地使用资源。例如，农业经济和电子商务的结合已成为农村发展的新路径。

第二，进一步掌握数字能力。成长于旧经济时代的人们应接受转变、拥抱变革，因为改变才是永恒不变的主题。在新经济时代，社会需要鼓励不同的创新。我们要有互联网思维、数字化思维，应用互联网相关技术提升企业、产业的竞争力。我们要抓住新基建时代下的数字经济机遇，还需要有一定的数字能力和学习新技能的能力。例如，在办公场景中，我们要学会使用OA远程办公，懂得应用电子表格及更复杂的软件去做数据分析。

如今，生产一件产品已经很难避免完全不使用科技，科技有助于生产要素的产出，使用科技能增加人力资源的价值，得到更多产出。例如，使用人工智能技术代替劳动力，进行人工智能人脸识别、人工智能写文章、人工智能绘画、人工智能基因分析等；使用工业机器人组装、包装产品等。科技进步的同时，人类要向需要更高思维力、运算力及创造力的工作转型，我们才能创造更高的价值，才能适应新经济的转变。

第三，不要人为将新经济和旧经济对立起来。不是人人都懂边缘计算（edge computing）、不是人人都是科研专家。社会大众应如何在新基建时代交出满意答卷呢？

首先，我们不能做新经济的拦路者，要学会用新思维去思考新经济，要有容错心态才会进步。科技的进步并不是一蹴而就的，当微小的改变积累到一定程度后，才会形成质的飞跃。过程中可能会出现阻碍，但这不是拒绝升级转型的理由。随着时间的推移，我们会慢慢感受到新经济带来的好处。

我们还必须意识到，新经济时代已经来临，未来人工智能、工业互联网、工业机器人、充电桩、高压电等的应用会越来越广泛，高铁及城际快轨的覆盖面会越来越大。旧经济若不愿意进行数字化，就会被时代淘汰。“科技产业”和“传统行业”的界线越来越模糊，传统行业需要进行数字化改革才能生存、发展。例如，当大部分人认为“任天堂”游戏机会被淘汰的时候，它推出了一款具有运动功能及社交功能的网络游戏，不但没有被淘汰，反而发展得更加壮大。由此可见，我们必须解放思想，改变思维，勇于向数字经济转型。

其次，不用把太多优惠政策向新经济领域倾斜。事实上，不管新经济还是旧经济，能带给人们幸福生活的就是好经济，毕竟“经济”的深层含义就是“经世济民”，而不分新旧。

而且，未来 10 年内，80%~90%的经济活动都会或多或少数字化。到那时候，新经济与旧经济的分界线会日渐模糊，最后甚至消失。而当务之急，是协助传统产业转型升级，成为新经济的一部分。

尤其是新基建下的新经济，运用了高新信息科技手段去巩固经济发展的基础，向经济提供新动能，增强经济转型能力及生产力。新基建改变了传统基建主要依靠政府投资的方式，使用创新金融手段引导民间资本参与建设与运营，民间资本占有其一定的比例。政府及企业一同参与的新基建经济，能提升经济发展的韧性，增强民间的参与感及认同感。

此外，在现今大企业与小企业共生，大企业鼓励员工内部创业、要求部门由“成本化”变成“事业化”的生态经济背景下，民间参与的新基建，不但能够令大小企业共同参与创新，还可以共同得益，同时有助于人力资本的能力提升，推动整个国家向数字经济转型。

第三章

新基建如何影响中国

2008 年的“四万亿计划”与如今的新基建计划既有相似之处，也有不同之处。不同之处体现为基建内容、出台目标和决策过程不同。这对我国未来的发展也产生了不同的影响。

发展新基建可以推动中小企业更主动地拥抱新趋势、新科技，进行技术革新和管理创新，这不仅可以促进企业自身发展，而且能产生刺激经济的加成效果，从而更好地完成政府设定的稳经济、稳民生的目标。

新基建主要由创新科技、数字化、信息网络等要素组成，将吸引总额高达数十万亿元人民币的各路资金竞逐，可补齐高新科技产业在过去发展中出现的短板。

中国的一线城市如果要引领世界未来发展潮流，则要借助新基建的东风，将自身打造成为认知城市，从而成为世界城市发展的典范。

1. 新基建与“四万亿计划”的同与不同

基础设施是社会赖以运作和发展的一般物质条件。基础设施完善与否，与经济能否长期持续稳定发展密切相关。基础设施建设还能带来“乘数效应”，带动其上下游的产业和企业，产生数倍于投资额的社会总需求和国民收入。

大量研究发现，加强基础设施建设和投资有利于促进经济增长。中国飞速发展的实践经验，证实了基础设施建设在经济发展中有至关重要的作用。在经济的下行周期，我们也往往通过基础设施投资和建设计划来提振经济。2008 年，全球金融危机爆发后，中国经济增长出现回落，出口从年初的超过两位数增长回落至负增长，工业生产出现下滑，发电量零增长，一些中小出口企业关闭，沿海地区失业潮爆发，经济面临硬着陆风险。为应对这一危机，中国政府于 2008 年 11 月推出了进一步扩大内需、促进经济平稳较快增长的十项措施[①]。实施这十项措施，到 2010 年年底需投资约 4 万亿元，故被称为“四万亿计划”。“四万亿计划”提出后，中国基础设施建设步伐持续加快，投资增长速度惊人。2008—2013 年，我国基础设施建设投资占 GDP 比重达到 8.6%，高居全球第一，而全球平均仅为 3.5%。

而此次新基建走入公众视野，正是在新冠肺炎疫情爆发，经济遭受冲击之后，因为类似的出台时机，这两个措施常被相互比较。**“四万亿计划”与新基建有相似之处，都是经济下行阶段的逆周期调节举措，旨在通过大规模投资提振低迷的经济。**但是，我们首先要全面认识和评估“四万亿计划”带来的利弊，同时认清“四万亿计划”和新

---

① 十项措施包括：加快建设保障性安居工程；加快农村基础设施建设；加快铁路、公路和机场等重大基础设施建设；加快医疗卫生、文化教育事业发展；加强生态环境建设；加快自主创新和结构调整；加快地震灾区灾后重建各项工作；提高城乡居民收入；在全国所有地区、所有行业全面实施增值税转型改革，鼓励企业技术改造，减轻企业负担 1 200 亿元；加大金融对经济增长的支持力度。

基建在本质上的区别。

可以说，“四万亿计划”是一个应急计划，其出台是2008年全球金融危机的直接结果，主要用以弥补消费和出口的不足，是刺激经济的短期救市计划。由于是应急计划，所以有些投资项目没有充分论证其可行性和风险性，出现投资效益不高的问题；还有些项目加剧了产能过剩的问题。另外，“四万亿计划”的投资主体比较单一，容易出现地方债务问题和通货膨胀现象。

如今回顾“四万亿计划”，已经可以较为清晰地看清其存在的一些结构性弊端。中国自“十三五”规划以来实施供给侧改革，一定程度上也是对此进行纠偏，但不可否认的是“四万亿计划”让中国在全球金融危机之后，实现了“弯道超车”，全球竞争力有了实质性的提升，在当时的背景下发挥了积极作用。

这种积极作用首先就是果断而及时地提振了大众的信心。全球金融危机使经济猛然下滑，无人能预知何时探底。这时，政府以强有力的投资计划为经济托底，给整个社会注入信心，对稳定社会预期，尤其在稳定就业方面，发挥了重要作用。

其次，大规模公共支出刺激了总需求，基础设施建设投资的红利在随后十年也逐渐显现。虽然并非每一个“四万亿计划”投资的基建项目都得到了充分的使用或者发挥了充分的效益，但绝大多数项目在改善经济的运行基础方面发挥了重要作用。我们引以为傲的运输和物流体系等，大多是在2008年全球金融危机后建成的，被视为中国超级基建能力的代表作，中国也因此获得“基建大国”的美誉。如今，中国多个城市群崛起，在一小时交通圈内包括了数个城市中的数千万人口，城市之间的公共服务、交通运输等开始趋于融合，资源、人才可以在更大的空间范围内配置，有利于生态环境的保护和整体竞争力的提升。2008年后，中国制造业的竞争力也出现质的飞跃，中国在全球制造业附加值中所占比重从2008年的14.4%上升至2018年的28.2%。此外，中国对全球经济的贡献2006年的不足20%，上升到如今的近30%；出口份额占比从2006年的8.1%上升至2018年的12.7%，进出口份额在全球占比23.3%。中国已经成为全球产业链上非常重要的一环。经济的高速增长带动了收入水平的提升，激发了消费潜力。2006年，中国的零售市场份额仅有1万亿美元左右，是美国的四分之一。而根据商务部数据，2018年，中国商品零售额为33.8万亿元人民币，预计2020年将突破40万亿元人民币，接近美国市场份额。

总体来看，中国经济在2008年后迅速回弹，并在随后的10年里超越了许多竞争对手，在数字经济等多个领域走在世界前列，提升了国际话语权，而“四万亿计划”在其中扮演了不可或缺的角色。

那么，“四万亿计划”与新基建到底有什么不同呢？

一是基建的内容不同。“四万亿计划”其实是一揽子建设计划，只不过铁路、公路和机场等重大基础设施建设是其中的重要组成部分，其他还包括廉租住房建设、棚户区和危房改造、医疗卫生和文化教育事业发展、地震灾区灾后重建、生态环境建设等内容。

“四万亿计划”和新基建都包含了城际高速铁路和轨道交通的建设，但“四万亿计划”的基建以传统基建为主，主要功能是支撑传统的供应链。而新基建以数字基建为主，最突出的功能是支撑数据的收集、存储、计算、挖掘、加工、运用，即支撑数字供应链。不同的内容和功能会影响其可能产生的效果。

廖茂林等人在2018年研究了基础设施在中国不同增长阶段对经济增长的促进作用。其研究显示，1994—2016年，基础设施投资总体上对中国经济增长有显著的正向影响。其中，2009—2011年，基础设施投资对经济增长有显著的正向促进作用。而2012年以后，基础设施投资已经不能显著促进经济增长。分地区和分类别的基础设施投资同样体现出这一阶段性特征。

廖茂林等人的研究指出，2012年以后，四万亿的投资不能较好拉动经济增长，主要有以下几个因素：一是由于基础设施投资造成实际基础设施的能力降低，导致基础设施的直接产出开始减少；二是投资形成固定资本的比率显著降低，大量投资不能形成有效的社会需求；三是基础设施投资主要依靠政府的直接投入或大量补助，对民间投资存在挤出效应，基础设施投资比重较大，增加了全社会的资本错配程度。笔者认为，除了以上三个原因外，这还与2012年后新的经济发展范式逐渐取代旧的范式密切相关。

事实上，基建的内容在不同的时代并非固定不变，每一次技术革命，都会诞生新一代发展范式，出现新的产业发展生态，这些都需要新的基础设施作为支撑。英国学者卡萝塔·佩雷兹（Carlota Perez）在其2002年的著作 *Technological Revolutions and Financial Capital: The Dynamics of Bubbles and Golden Ages* 中，将第一次工业革命至2000年左右的历史进程划分为五个阶段，每个阶段大约持续40~60年。在每个阶段，新的技术革命触发新一代基础设施和产业的诞生，从而形成“技术-经济范式转移（techno-economic paradigm shift）”。

表3-1显示的是Carlota对五次技术-经济范式的划分及其所对应的基础设施。虽然，她对几次工业革命的划分与前文的并不完全一致，但她所提出的不同新兴技术对应不同基础设施的看法颇具启发性。全球的新型基础设施随着每一次的技术革命，也经历了数次变迁：从运河、水力发电，到铁路、港口，到全球航运、洲际铁路、全球电报电话网络，到全球模拟电信（analogue telecommunications），再到全球数字电信（digital telecommunications），包括互联网、电子邮件和其他电子服务等。

表3-1　五次技术-经济范式划分

技术革命时代	出现的国家及时间点	新技术与新产业	新型基础设施
机械动力时代	英国，1771年	棉纺、铁艺、机械产业	运河和水路、水力发电、收费公路
蒸汽和铁路时代	英国，随后扩展到欧洲大陆及美国，1829年	蒸汽机和机械、钢铁和煤矿开采、机车生产	铁路、港口、邮政系统、城市燃气
钢铁电力重工业时代	美国、德国，1875年	廉价钢材、蒸汽机、重化工业、土木工程、电气设备、罐装和瓶装食品、纸张和包装	全球航运、洲际铁路、全球电报、电话、电力网络
石油、汽车和大规模生产时代	美国，随后扩展至欧洲，1908年	汽车批量生产、廉价石油和燃料、石油化工、内燃机（用于汽车、拖拉机、飞机、坦克）、电力系统，家用电器，冷藏和冷冻食品	全球模拟电信
信息和远程通信时代	美国，随后扩展至欧亚，1971年	廉价的微电子、计算器、软件、电信、控制仪器、计算器辅助生物技术、新材料	全球数字电信，包括互联网、电子邮件和其他电子服务；多源电力网络；水陆空高速多式联运

技术的发展日新月异。数字技术的发展，使人类的经济和社会活动以数字形态呈现出来。前文指出，数字化的知识和信息是数字经济的关键生产要素，但这些怎样才能成为生产要素，关键取决于对数据进行收集、传输、存储、计算、分析、挖掘、转换、开发利用及智能化的能力。因为数据只有经过数字技术的处理，并进入生产或服务环节，才能成为有价值的生产要素，从而成为经济发展的驱动力。从这个意义上来说，数据并不能独立存在，而是存在于支撑经济运作的大数据、云计算、人工智能、物联网、区块链等各种新型数字化基础设施之中。正是这些基础设施，为数字经济的发展提供了技术保障和实现手段，而这些设施的数量、质量，决定了数字经济发展的速度和潜力。与此同时，旧基建对经济的带动效应，以及旧基础设施投资所能产生的乘数效应将日益降低。

中国互联网经济在 2003 年非典疫情之后开始起步，到 2008 年“四万亿计划”提出时，已经有长足进步。2012 年，“互联网+”的理念被提出，产业数字化已经得到广泛重视。在这样的背景下，对公路、桥梁等传统基础设施的投资，对经济产生的推动作用必然会出现递减效应。在数字经济时代，新基建能为数据成为新生产要素提供基础支持，带来较高的投资效益和乘数效应。当然，这并不是说我们从此不再需要“铁公基”。事实上，新基建当中包括了城际高速铁路和轨道交通的建设。未来的城际高速铁路和轨道交通将是结合了数字技术的智能化交通设施。

数字经济时代，实体与虚拟技术互相依存、互相促进，因此，传统基建仍然是支撑社会经济活动的基础，这一点并没有改变。未来在传统基建方面还会继续有新的投资和新的项目。但是，全球经济已经到了动能转换的时刻，数字化成为促进实体经济效益和质量提升的非常有效的手段。在这样的时代背景下，新基建理应成为主角。

二是出台的目标和决策过程不同。“四万亿计划”与新基建在出台的目标和决策过程方面有本质不同。前文指出，“四万亿计划”是2008 年全球金融危机冲击的直接结果，是救市的应急措施。而在此次新冠肺炎疫情的冲击下，化解就业危机迫在眉睫，有必要采取逆周期调节措施，稳投资、稳就业。

但是，新基建并非单纯是因疫情而被动出台的机械刺激计划，而是有的放矢的长期规划。一方面，在激烈的国际竞争中，我们必须寻求科技的内生增长动力，寻求国产替代品；另一方面，我们要顺应全球经济数字化的趋势，通过建设数字化基础设施，抢占未来数字科技制高点，这样的目标与国家中长期转型方向一致。此外，随着全球经济衰退的来临和抗疫的常态化，我们要建立更具韧性的数字经济供应链，这意味着必须在基础设施方面增加支出。

中国数字经济战略的启动至少可以追溯到 2012 年，发展新基建的策略也经历了相当一段时期的酝酿。2015 年，中国发布的相关文件提出，促进制造业创新发展，加快新一代信息技术与制造业深度融合，推进智能制造。而具体的策略之一便是加强互联网基础设施建设，包括工业互联网、智能控制系统、工业应用软件等。同时还指出，要加强工业互联网基础设施建设规划与布局，建设低时延、高可靠、广覆盖的工业互联网。加快制造业集聚区光纤网、移动通信网和无线局域网的部署和建设，实现信息网络宽带升级，提高企业宽带接入能力。

针对信息物理系统网络研发及应用需求，组织开发智能控制系统、工业应用软件、故障诊断软件和相关工具、传感和通信系统协议，实现人、设备与产品的实时联通、精确识别、有效交互与智能控制。这些内容中虽未提及“新型基础设施”这个词，但已经可以清晰看出新基建的雏形。

在2018年12月的中央经济工作会议上，“新型基础设施”这个词首次正式出现。会议指出，要加快5G商用步伐，加强人工智能、工业互联网、物联网等新型基础设施建设，加大城际交通、物流、市政基础设施等投资力度。2019年政府工作报告提出，要加强重大科技基础设施、科技创新中心等建设；国家发展改革委也在两会报告中指出要推动工业互联网创新发展与智能制造、电子商务有机结合、互促共进，积极推动传统制造业加速向数字化、网络化、智能化发展的发展方向。2020年政府工作报告再次提出，要加强新型基础设施建设，发展新一代信息网络，拓展5G应用，建设数据中心，增加充电桩、换电站等设施，推广新能源汽车，激发新消费需求、助力产业升级。

上述回顾显示，新基建政策的出台经历了长达数年的发展历程，并在新冠肺炎疫情后应国际宏观经济形势而进行了适当调整，提早整合、推出。面对全球经济巨大的不确定性，新基建是提振投资和需求、提升发展质量的应有之义，也是中国重塑国际竞争态势和经济格局的主动之举。

综上所述，“四万亿计划”与新基建计划有相同也有不同（见表3-2）。

表 3-2　“四万亿计划”与新基建计划的异同

2008 年的“四万亿计划”	2020 年的新基建计划
·救市场：全球金融危机下仓促被动出台的刺激措施 ·有积极效应：大幅度降低运输物流成本，释放了经济增长的潜力，提升了中国在制造业方面的全球竞争力 ·负面效应：国进民退、过剩产能、投资低效、环境污染、资本通货膨胀、人民币贬值	·救经济：有被动的一面，也有主动的一面；整合新冠肺炎疫情前已有规划，大规模推动加快落地 ·顺应数字科技革命新趋势，提前布局数字经济基础设施，支撑未来经济高质量发展，抢占数字技术制高点，有可能改变全球产业分工和竞争态势，重塑世界经济格局 ·面对新冠肺炎疫情引起的全球危机、贸易战和科技战，主动为之，有的放矢，从经济长远发展需求出发，实施国产替代，并兼顾短期推动投资和消费的需求，为经济升级和扩张奠定基础

2. 新基建如何助力中小企业发展

在新基建已成为中国经济发展新趋势的今天，如果能紧紧把握住新基建发展潮流，并在此基础上加速构建智能新消费体系，让“新基建”与“新消费”互为动力，就必将为促进中小企业的发展带来巨大的契机。在中国，推动中小企业发展不仅是经济向前的重要基础，也是扩大就业、改善民生和维护社会稳定的重要支撑。在当前复杂的国内外经济形势下，不少中小企业已遭受冲击，政府除了出台纾困补贴政策之外，更应积极考虑创造“涟漪效应”，推动中小企业改变固有的发展模式，更主动地拥抱新趋势、新基建、新科技，并进行技术革新和管理创新，从而产生刺激经济的加乘效果，更好地完成稳经济、稳民生的目标。

正如前文所述，推动新基建，中短期可稳增长、稳就业，长期则将促创新，加速中国数字经济建设，助力经济更高质量发展。据中国信息通信研究院数据显示，2016—2018 年，数字经济的名义增速连续 3 年高达 20%，较同期的 GDP 增速高出 10 多个百分点。中国 2019 年数字经济规模达到 35 万亿元人民币，占 GDP 比重逾 35%。未来，预计仅是 5G 网络建设投资就将在 2025 年达到 1. 2 万亿元人民币，并累计带动上下游产业链及各行业的应用投资逾 3. 5 万亿元人民币。

2020 年，新冠肺炎疫情导致全球经济活动出现严重萎缩，在未来较长一段时间内，全球经济将出现负增长。虽然中国经济正处于恢复性增长阶段，但在这个过程中，中国各地的中小企业无疑将继续面临复工难、复产难、复岗难的各种考验，尤其是在工业互联网、人工智能、大数据等新科技不断涌现的情况下，中小企业原有的生产模式、商业模式、经营模式等遭受强烈冲击，这将进一步使传统中小企业陷入发展困境。

在这样的背景下，发展有特色的新型基础设施，推动新消费，不但有助于稳增长、稳就业，释放经济增长潜力，还有助于改变中小企业短期内收入锐减、流动资金紧张等问题，推动中小企业走上革新、发展之路，提升其长期竞争力。

新基建可以从以下几个方面助力中小企业的发展。

第一，新基建可以帮助中小企业打造社交电商平台。2003 年，阿里巴巴、京东等一批电商企业崛起。2020 年，电商企业将会再次迎来发展机遇，尤其是社交电商。如今的传统电商平台，流量费用越来越高，中小企业只有“口袋够深”，才能向平台购买更多的站内宣传机会，销售更多的产品。但个别平台的相关宣传推广费用上涨幅度已高达30%及以上，这令企业负担更加沉重。

而社交电商平台与传统电商平台最大的区别在于，传统电商平台根据商家付费与否来确定要推广的品牌；但是在社交电商平台上，各种品牌不但可以突围，还能形成消费黏性。数据显示，在传统电商平台上，退货率为10%～15%；但在社交电商平台上，退货率大概只有万分之一。因为在社交电商平台上购买产品，不仅是买卖行为，同时也是社交行为，通过大量沟通能降低买方对产品的不确定性。

对中小企业而言，如果能够发展社交电商平台，不仅能为自身的产品寻找更多的消费者，解决燃眉之急，还能为其他企业的产品提供新的平台。而且产品销售的范围不仅局限在中国，还能推向世界，为各国中小企业的发展提供更新、更大的机遇。

第二，新基建有助于建立中小企业网络共享平台。新基建可以协助中小企业摆脱困境，推动中小企业改变传统的独立经营模式，加入共赢发展生态。在数字经济时代，中小企业要求生存、谋发展，就要在供应链、行业信息、产品开发、资源整合和知识分享等方面主动融入行业共享平台，从而实现价值共生，实现企业和合作伙伴双赢，以此降低企业经营风险，迎来发展契机。

例如，各地政府可参考汇丰银行为协助中小企业而推出的“汇丰机汇”平台。该平台是专为中小企业、初创公司以及有意创业者而设的全新网络共享平台，以数字化方式连接中小企业，为用户提供涉及不同营商知识的知识库，包括金融、市场营销、法律、科技等，并不断在平台上传由各企业家、行业专家学者执笔的原创文章，如各行各业如何应对疫情的挑战、如何吸引更多消费、如何尽快申请中小企业融资担保等。同时，中小企业还可以通过该共享平台进行联络，与其他志同道合的企业家们进一步交流意见，协同共赢。

第三，新基建有助于建立中小企业场景体验平台。中小企业经营者们怎样才能借鉴成功企业的发展经验和经营模式呢？笔者建议各地政府可借鉴台湾某企业的做法，结合 5G 技术、4K 超高清视频技术、VR 技术、人工智能机顶盒技术等新科技，构建一个跨界连接的场景体验平台，根据不同的场景，提供各类实用、有趣的知识体验，并将成功企业、成功人士的做法和经验通过新技术完全呈现在企业经营者面前。企业经营者只需扫描二维码，就可以进入场景体验平台观看、学习。这种方式能够打造新的企业发展生态圈，实现共生共赢。

全球正在经历制造产业链的重构。面临前所未有的变局，市场需要进行革新以顺应新趋势。对于中国中小企业而言，现在就要开始做好准备。中小企业的应变力、生存力、恢复力，以及对网络化、数字化、智能化模式的态度，将影响其自身的生存和发展，也对中国经济发展的前景至关重要。

简言之，探索新基建，赋能新消费，不仅能为各地经济建设带来新变化、新机遇、新气象，为各地经济的高质量发展奠定深厚基础。

3. 新基建如何弥补高新科技产业发展短板

新基建主要由创新科技、数字化、信息网络等要素组成。数据显示，新基建将吸引总额高达数十万亿元人民币的各路资金竞逐，这些庞大资金的投入，以及各地对新基建的大量需求，无疑又会反过来刺激高新科技产业的发展，尤其可以弥补这些高新科技产业在过去发展中存在的短板。

“产学研”过去一直是中国发展高新科技产业的短板，缺乏系统的知识产权交易制度，金融支撑体系“产学研”之间缺乏互信，创新成果导入导出存在障碍，合作效率低等问题导致企业科技自主创新能力不足，高校和研究机构对市场不够敏感，不能把握市场脉搏等。

中国大力推动新基建，虽然能够弥补“产学研”不能把握市场脉搏的短板，但如何通过利用新基建带来的产业发展方向、大量资金的支持，以及各地方政府和企业的踊跃参与，来完善新基建下中国的初创生态系统及创新产业链，从而促进高新科技产业的发展呢?

笔者建议通过“开放式创新”模式来完善和促进。“开放式创新”模式是2003年由美国加州大学伯克利分校哈斯商学院教授亨利·切萨布鲁夫（Henry Chesbrough）提出的。“开放式创新”分为三种模式。第一种是对内开放创新，即使用企业内的外部资源去创新。例如，企业购买科技知识产权或者使用权，并将其融合在企业的业务流程中。第二种是对外开放创新，即把创新发展商业化。例如，企业把科技知识产权或者使用权卖给其他企业，帮助其他企业发展新产品。第三种是结合对内及对外的耦合创新，即数个企业一同研发新科技及解决方案。“开放式创新”既是技术的交换，也是人才的交换，而这个交换可以是跨组织和地区的，甚至可以发展成为跨界的创新文化。

由于企业会通过建立制度去管理数目和类型与日俱增的创新来源及伙伴，去增加企业创新活动的效用与效率，所以“开放式创新”模式是一个需要长期执行的范式，它协助企业实现可持续发展，以迎合社会对创新的要求。创新可以是产生新的知识，也可以是旧有知识顺应社会发展而重新整合。事实上，创新对个人、企业、社会不同群体、国家，乃至文明都是十分重要的，可以说人类社会的每一次变革都源于创新。“开放式创新”模式能够应付瞬息万变的情况，克服障碍，结合不同参与者的能力加强转型力度，实现创新范式，激发创新能力，把知识和科技结合起来。

新基建下的“开放式创新”模式包括但不限于高校与产业合作，以及政府与社会资本合作 等。这些方式能够推动活动创新、科技转移、知识增长及人才交流，反过来进一步推动新基建的发展。“开放式创新”模式需要设计出针对多方参与的研究流程，让参与其中的高校及企业使用。高校为企业提供知识及科技资源，而企业则带来需求、市场和与高科技产业相关的新基建配套设施。“开放式创新”模式强调高度参与，也强调企业与高校的交流，企业与高校的协作是创新经济的重要推动力。企业会逐渐向高校寻求创新合作的机会，以形成区域创新生态系统，例如美国的硅谷、肯德尔广场等就是比较著名的创新生态系统。要鼓励“开放式创新”模式，政府的作用包括但不限于为每个参与者提供更多参与机会及制订相关的支持或鼓励计划；为参与者们提供以 5G、物联网、工业互联网、卫星互联网为代表的通信网络基础设施，以人工智能、云计算、区块链为代表的新技术基础设施，以及以数据中心、智能计算机中心为代表的算力基础设施等。当通信网络基础设施、新技术基础设施、算力基础设施建设完成，技术员工比例增加时，“开放式创新”模式才会有助于企业的发展。由于创新能使知识产生溢出效应，因此“开放式创新”模式对推动国家或区域技术发展具有积极意义。

对于如何推动新基建打造开放创新的“产学研”模式，使新基建和高新科技产业相互促进、协同发展，笔者认为可以从机构、人才培养及高端人才交流、创新融资链三个层面着手。

在机构层面上，高校应该和产业多合作，互补不足。建议组建知识共享的“产学研”联盟平台，做好创新资源布局，令“产学研”内部的不同主体既可以利用内部资源进行研究，又可以利用外部资金增加效率及效能；同时，该平台还能促进新知识的创造及科技成果的转化，提升联盟内部的互补及协同效应，整合创新资源，避免因重复创新而产生的资源浪费。除此之外，“产学研”联盟平台还有助于新工艺、新技术、新装备、新产品的研发及突破，有助于共同研究解决问题或市场痛点的新方法，形成“产学研”三位一体的技术创新体系。

在人才培养及高端人才交流层面上，要搭建一个能吸引国际科研人才、创新人才、技术人才的体系。高校专家可以把他们的技术商业化，因为他们最了解自己的技术，知道高新技术的发展趋势，如果与市场专业管理人员开展合作，将会相得益彰，互有裨益，促进人力资源的可持续发展。另外，经验丰富的企业高管也可以回高校分享经验与想法，因为他们熟悉市场，能使高校的科研更具市场导向，符合市场的“口味”。

政府需要协助营造一个能吸引国际科研人才、创新人才、技术人才的环境。例如，出台人才引进政策，营造宜居宜业的环境并配备相关生活设施等。

另外，高校也要有不同的定位与角色分工，要避免新基建的重复建设和同质化的恶性竞争。例如，有的高校可以定位于高端科研，有的高校可以定位于输出技术与应用人才等。

在创新融资链方面，需要搭建由大企业、初创小企业及风险投资者组成的内外科技创新生态体系，以分散创新风险，降低创新成本。换言之，创新生态体系需要良好的金融系统来支撑。有研究显示，企业融资主要分为五个阶段：①实验或种子阶段；②初创阶段；③扩充阶段；④资本重组阶段；⑤买断或出售主要股份阶段。在实验或种子阶段，创业者多使用个人储蓄或向亲朋好友借贷，之后就会尝试其他融资方法，包括向银行借贷、寻找天使投资人、申请创业基金等。向银行借贷是最传统和保守的方法，且由于手续繁复，又需要进行信用担保，创业者通常避免向银行借贷。有一些处在实验或种子阶段的初创企业会选择私人投资者，因为成功机会较大。

有的初创阶段的企业会选择在“孵化器”办公，因为较容易接触一些天使投资人。当企业规模开始扩充时，就可以选择到“加速器”办公，接触创投基金。当企业规模再增长时，便可以考虑资本重组，再估值及改变股本分配，有需要时可以再融资。当企业成长到一定规模时，可以考虑上市集资，或者与合适的伙伴进行并购。因此，金融系统对创业生态是十分重要的，能够在不同阶段发挥作用。而创新融资也有助于创业，当投资者变成创业者的天使投资人或者创投资本家时，能够协助创业者得到更多资源并掌握处理各方面难题的方法，帮助企业生存。

另外，新基建下的“开放式创新”还要具备良好的生态，这个生态的意义在于具有弹性的小企业能够弥补大企业对市场反应不够敏捷的问题。小企业可以在市场或政策转变时迅速应对，迎接挑战，对抗逆境，也可以协助传统企业的升级与转型，改良企业流程，甚至引发商业模式的创新。大企业则可以通过合约授权、特许经营等形式与小企业合作，产生溢出效应，也可以通过收购合并、投资入股或策略联盟等方式获得创新企业的人才与技术，令企业能力有所提升。在大企业内可以形成创业型生态，鼓励不同的战略业务单元（SBU）创业创新，这不仅可以形成盈利中心，还可以拆分成为新的企业，为大企业带来创新与增长活力。因此，新基建下的开放式创新不是封闭的，政府、产业、学界、研究机构、个人都可以参与其中，共同投入，提升知识与技术的广度和深度，提升城市的整体技术能力与水平，从而在挑战来临时，对外界刺激产生抗逆能力。而且，单靠传统的“成果转化”模式是不够的，我们应将其转化为“推”的模式，由产业和市场需求带动“学”和“研”。同时，我们可以引入金融资本作为风险资金并帮助进行风险定价，还要建立以工程师为主导的应用研究平台，与高校合作进行委托应用研究和成果转化研究。在这个过程中，必须要平衡投资者、企业、工程师和科学家的利益，这样才可以深度进行“产学研”合作。

在中国大力推进新基建的时代背景下，进行自主创新、提升产业效能已经刻不容缓。从中短期而言，我们需要登上数字经济时代的快车，以银行等金融机构作为推动引擎，建立和完善开放创新的“产学研”深度合作的创新系统及生态，提升中国创新能力与竞争力。从长远来说，新基建时代的“开放式创新”模式，有助于建设国家的创新生态链，加快国家发展高新科技产业的步伐，增加国家在创新驱动经济时代的竞争力和优势。

4. 新基建如何推动一线城市发展成为认知城市

发展智慧城市已经成为世界潮流，而中国一线城市的发展目标不能仅限于成为智慧城市，而是要借助新基建的东风成为认知城市，这样才有助于推动中国一线城市成为世界城市发展的典范。

新基建为中国一线城市发展成为认知城市打下了深厚的基础。例如，广东省政府的数据显示，在2020年第一季度，广东省在建或计划开工的新基建项目超过40个，2020年将在新基建领域投资超500亿元人民币，并力争在2020年新建6万座5G基站，覆盖超过90%的人口。广东省还加速布局人工智能产业，将一线城市广州市作为广东省发展人工智能产业的重大平台和载体。2020年，已有99个项目在人工智能与数字经济试验区开工，项目总投资超5 800亿元人民币。广州市大力推动新基建，已为迈向成为认知城市成为踏出了坚实的一步。

那么，什么是认知城市呢？认知城市是智慧城市的下一个发展阶段，它一方面将为政府和市民创造一个信息共享，具有互操作性、协作性，并能无缝体验的双向环境，促使城市主动向市民提供服务，尤其是个性化服务。另一方面，认知城市能够充分发挥市民的智慧。随着科技水平的提升、社会的进步、知识积累的加速，市民将从城市规划的被动承受者成长为直接参与者，市民关于城市发展的意愿和想法将得到采纳和实现。

如果中国的一线城市能够发展成为认知城市，就能够推动一线城市的政府和市民在持续的互动和学习中互相获益，并通过政府和市民的集体智慧推动经济、社会和科技更好发展，一举多得。

要发展成为认知城市，目前最缺乏的不是资金和项目，而是思想转变和人才培养。对于中国一线城市而言，要吸引更多的企业与个人对认知城市群进行科研攻关，对内充实发展成为认知城市群的科研力量，对外进一步开拓国际市场。

中国一线城市通过新基建发展成为认知城市，可以优化贸易供应链系统，提升国际竞争力。贸易的畅通有赖于物流、交通运输的快捷、安全、准确和方便。认知城市的贸易供应链系统是点对点的完整网络，不但可以详细记录进出口货物从出港到进港过程中的所有步骤，确保相关信息的可追踪性和安全性，还可以将进出口商、货运商、代理商和海关等贸易供应链的各方连接起来，使各方都可通过该网络进行直接沟通，而不必再通过特定的机构来逐步进行，节省了当中的各种成本，优化了贸易供应链的功能和服务，提升了技术创新和国际竞争力，扩大了国际贸易的深度和广度。

中国一线城市通过新基建发展成为认知城市，可以升级跨境业务，打造新的跨境支付方式，推动跨境业务发展。中国一线城市的跨境电商和海外投资并购等业务快速增长，当前的传统跨境支付方式清算时间较长、手续费较高，且有时候会出现资金风险。通过认知城市的网络系统打造点对点的支付方式，省略第三方金融机构的中间环节，不但可以实现全天候支付、瞬间到账、提现便捷及没有隐形成本等，还有助于降低跨境电商资金风险及满足跨境电商对支付清算服务的便捷性需求。

简言之，智慧城市向认知城市发展已成趋势，而新基建为我国一线城市发展成为认知城市奠定了深厚的基础。一线城市要发展成为认知城市，为世界城市未来的发展树立规范，就需要有更前瞻的国际视野和更超前的思想，这正如法国著名作家雨果所说："世上有一种东西比所有的军队都更强大，那就是恰逢其时的一种理想。"

第四章

新基建如何影响世界

对于非洲国家来说，如果借鉴中国发展新基建的经验大力发展数字经济，就能加速其现代化进程，推动科技创新，促进经济进一步发展。

拉丁美洲国家此前模仿欧美国家的数字经济发展模式，出现“水土不服”的问题，未能使欧美国家的模式落地生根。拉丁美洲国家现已逐渐认识到中国在新基建领域的优势，并希望从中借鉴经验，这将为中国新基建带来新机遇。

东盟国家的新基建发展充满机遇，中国新基建企业若要进入东盟国家市场，应积极与其他国家的企业合作，共同投资，这有利于分摊投资风险，增加对冲、合作的空间。

对于欧美国家而言，中国可与欧美国家深耕“第三方市场合作”，此举不但能为中国和欧美国家培育新的经济增长点，还能促进作为“第三方市场”的发展中国家新基建的进步和发展，从而助力全球经济可持续增长。

1. 非洲国家为什么需要中国新基建

近年来中非合作愈加紧密，尤其在基础设施建设领域。除了公路、铁路、港口、产业园区等传统基建，笔者认为在非洲国家大力推行中国的新基建是大有可为的。2019 年，笔者曾赴吉布提、坦桑尼亚和津巴布韦三个非洲国家实地调研，发现非洲国家当前的新型基础设施规模虽然有限，发展潜力却很巨大。

“规模有限”主要是因为与数字经济发展相关的新基础设施建设在非洲国家范围小、起步晚，很不完善。“潜力巨大”则是因为非洲国家的人口基数大、青年人口比例高，因此市场提升的空间很大，极具投资吸引力。

中国国家主席习近平于 2020 年 6 月 17 日在中非团结抗疫特别峰会上指出，中国愿同非洲国家一道，共同拓展数字经济、智慧城市、清洁能源、5G 等新业态合作，促进非洲发展振兴。

数据显示，非洲的互联网普及率目前只有 15%左右，深陷数字鸿沟。笔者在吉布提期间发现，除了星级酒店能够提供网络服务，外出调研均无法使用移动互联网；在坦桑尼亚、津巴布韦虽然可以使用手机登录互联网，但当地只有 3G 网络，而且非常不稳定。在约 13 亿非洲民众中，也只有 11%的人能用上 3G 互联网。

由于网络普及率低，上网速度慢，加上缺乏技术人才，绝大多数非洲国家无法开发应用软件，其经济发展和人民生活都不能享受到网络时代的红利。

但正因如此，非洲的数字经济发展前景令人期待。有机构预计，未来 3 年，非洲的互联网渗透率将高速增长，非洲的网民人数规模可达约 8 亿人，与当前中国的网民人数规模相当。同时，智能手机也将在非洲市场持续渗透。预计到 2022 年，智能手机的渗透率将达到 73%。全球管理咨询公司麦肯锡估计，如果非洲国家的互联网普及率达到移动电话的普及水平，非洲每年的国内生产总值能增加 3 000 亿美元。

在非洲这个 10 亿级的数字经济蓝海中，中国和非洲国家的新基建产业合作，已具备诸多有利条件。新基建将为推动非洲各国的经济发展提供强大支撑力。

一方面，新基建有助于提升各行业生产力、打造新兴产业、建立可持续发展的经济体系。当前的第四次工业革命以数字化信息技术为主要特征，推动非洲新基建，将帮助更多的非洲国家民众接触互联网，并推动当地数字经济的发展，为全球经济带来新的推动力。

作为全球第二大数字经济体的中国已与非洲多国签署关于建设“数字丝绸之路”的谅解备忘录。未来几年，中国将与更多非洲国家进一步在新基建领域深耕，协助非洲国家发展以 5G、物联网、卫星互联网为代表的通信网络基础设施，以人工智能、云计算为代表的新技术基础设施，以数据中心、智能计算机中心为代表的算力基础设施。这将有利于中国与非洲国家打造互利共赢的“利益共同体”和共同繁荣发展的“命运共同体”。

另一方面，对于已经有数字经济基础的个别非洲国家，中国将提供大量物美价廉、技术一流的产品和新型基建设施，推动这些国家的大数据、云计算、智慧城市等产业建设加速发展，促进产业的进一步升级转型，以优化经济结构，提高经济质量，驱动经济增长。同时，这也将促进更加多元、灵活的就业与创业。

具体而言，中国将和非洲国家擦出什么样的火花呢？通过实地考察，笔者认为中国与非洲国家未来在“AI+健康”、移动支付、智慧城市和数字经济四个领域的合作最值得期待。

在“AI+健康”方面，中国基于AI技术的互联网医疗在2020年新冠肺炎疫情期间发挥了独特的优势。其在实体医疗资源紧张的情况下，合理分配医疗资源，大幅减少了线下交叉感染的可能，并提供了个性化的医疗服务。

由于大多数非洲国家医疗技术水平较低，医疗专业人员短缺，未来非洲国家可与中国在“AI+健康”领域加强合作。一方面，新型医疗技术已被证明将有助于防范和消除新冠肺炎疫情；另一方面，“AI+健康”技术也将提升当地公共卫生系统早期预警能力，防范新型传染病的扩散。未来，中国还可与非洲国家在这一领域进行深入合作，探讨如何通过AI及互联网技术帮助医疗卫生服务深入当地各类社区，实现分级诊疗，满足非洲国家民众对优质医疗服务的需求。中国国内的医疗资源还可通过新技术协助非洲国家在慢性病、常见病领域的健康管理，提高非洲国家整体的医疗水平，这对于未来全球的传染病防控意义重大。

在移动支付方面，中国移动支付得益于移动互联网的快速发展，已根本性地改变了营商模式和消费模式。非洲国家在拥有移动互联网等新型基础设施的同时，还可以从中国引进先进的移动支付技术，推动移动支付方式在非洲国家的普及。这不仅可以降低交易成本，提升交易效率，还可以为非洲各国的企业提供宝贵的商业数据。

在智慧城市方面，近年来智慧城市已经成为新的经济增长点，其加快了信息化进程，促进了传统产业升级，正成为越来越多非洲国家主要城市的发展方向。中国智慧城市的数量、规模都是世界第一，中国已从最开始的智慧城市学习者变成了全球引领者。中国可以通过分享自身的资源、经验、技术和开发模式等，与非洲国家共建智慧城市。

智慧城市的建设将有助于缩小非洲国家因教育水平不平等造成的差距。笔者在上述三国调研期间，在草原上经常见到失学儿童的身影，联合国教科文组织的数据显示，非洲 6~11 岁儿童的失学率超过 20%，12~14 岁青少年的失学率约为 33%，而 15~17 岁青年的失学率高达 60%。智慧城市的建设，将有助于缩小非洲教育水平的差距。

中国协助非洲国家建设智慧城市，不仅会提升非洲国家城市的综合承载能力，还会为这些城市带来高标准的基础设施以及商务、教育、医疗等一体化的生活服务配套，从而加速非洲国家走向现代化，促进非洲国家的民众就业和经济发展。

未来中国与非洲国家在数字经济领域的合作是重中之重。麦肯锡曾发布一项有关全球开放信息数据价值的研究报告，认为仅仅通过开放教育、能源、医疗健康等领域的数据，每年可以产生 3 万亿美元的经济潜力。加大开放非洲国家政府信息数据的力度，将会给多个行业带来巨大的经济效益。这些免费的公开资料，可以为创立更多新公共服务产业以提供支撑。一方面，开放数据可推进政务公开，让权力在阳光下运行，加大非洲国家的民众对政府的信任度；另一方面，大量信息使政府部门之间的合作更加便捷，提升政府效能。开放政府信息数据，还能够帮助企业挖掘出新价值，在创新的过程中改变世界。

此外，中国与非洲国家除了在数字经济领域进行合作之外，还应探讨共同利用数字经济的机遇，通过加强政策沟通、设施联通、贸易畅通、资金融通和民心相通，实现互联互通的“数字丝绸之路”，打造数字经济发展的共同体。

笔者 2019 年与非洲业界同行交流期间得知，中国高校或机构比较缺乏专门提供给非洲国家访问学者的项目名额和奖学金。非洲业界的专家学者要想到中国的高等院校访学是比较困难的。如果能够广邀非洲学者、企业经营者前往中国访问、学习、考察，将对促进中非“民心相通”和新基建合作产生强大的推动作用。目前，中国在这方面的工作有还很大的提升空间。

笔者了解到，非洲专家学者和企业经营者们主要想来中国了解和学习三个方面的内容。

第一，非洲国家希望学习中国发展新基建、数字经济的经验。非洲国家业界普遍对阿里巴巴所在的长三角地区的杭州，华为、腾讯所在的珠三角地区的深圳等城市的发展感兴趣。例如，深圳在短短几十年时间由小渔村发展成为世界科技创新中心，其原因和经验对于希望在创新产业领域发展的非洲国家具有借鉴意义。

除了“深圳模式”之外，非洲国家的专家学者和企业经营者们还希望学习中国城市在发展新基建、引进外资方面的经验。“南海模式”（民间资本）、“东莞模式”（加工贸易）、“佛山模式”（制造业名城）等，对于今天非洲城市发展都有很大的参考价值。

第二，非洲国家希望学习中国摆脱贫困、发展经济的经验。非洲国家的专家学者、企业经营者们认为，在很长一段时间里，非洲一直受到西方国家的影响，奉行新自由主义，导致非洲的工业基础非常薄弱，工业化几乎止步不前，企业没有竞争力，来自政府的保护和支持力度较弱，经济发展每况愈下。而中国在过去数十年不仅国内政局非常稳定，而且经济运转得非常好，效率超过了很多西方国家。非洲国家的专家学者和企业经营者们对此非常感兴趣，希望能前往中国学习、研究中国的发展模式。

第三，非洲国家希望学习中国旅游城市的经验。笔者在交流中曾介绍，2018 年海南省吸引游客 7 627 万人次，旅游总收入达到 950. 16 亿元人民币，接近 150 亿美元（根据最新的数据，2019 年，海南省吸引游客 8 314 万人次，旅游总收入达到 1 050 亿元人民币）。这让非洲的专家学者和企业经营者们感到惊讶，并提出希望学习中国旅游城市发展旅游业的经验，尤其是发展数字化旅游的经验，从而吸引更多包括中国游客在内的世界各国游客前往非洲国家旅游，增加非洲国家的就业岗位，推动旅游经济的发展。

虽然非洲国家的专家学者和企业经营者们迫切希望到中国访学，研究中国发展新基建和数字经济的模式，但他们一是不明白应该向中国哪些部门申请访学和研修项目，二是不清楚中国的哪些高校和机构可以提供他们希望进修的课程和专业，并且由于经济能力普遍较为低下，他们希望中国能够提供经费资助。

对于上述情况，笔者认为中国可以在以下几个方面进行改善。

第一，国家汉办主导的“理解中国”访问学者项目已有运作基础和经验，建议国家汉办在此基础上，考虑为非洲国家的专家学者、企业经营者，以及商业金融、教育文化类非政府组织的中高层管理人员，专门增设“理解中国新基建、数字化经济”非洲国家访问学者项目，并提供专项资助。

第二，中国教育部可考虑组织对非洲有研究基础的部属高校，以及有相关研究实力的地方高校，主动向上述人员提供访学、短期研修项目，以及中国发展新基建和数字经济模式等相关课程，并提供奖学金资助。

第三，中国外交部可根据国家汉办、教育部推出的相关措施，通过各类渠道公开向非洲国家宣传中国大学、科研机构访学、研修的信息，促使更多非洲业界人士前往中国学习。

中国通过建立上述机制，既能帮助非洲国家发展新基建产业、数字经济，又能通过来华的非洲专家学者和企业经营者们，了解非洲国家在新基建、数字经济领域的发展规划和目标，从而寻找双方合作的契合点，共同努力推动中非“新基建”合作持续、深入发展。

2. 拉丁美洲国家新基建正在借鉴中国经验

拥有6.5亿人口的拉丁美洲，其数字经济体量只占GDP总量的3%，许多数字化服务仍未广泛应用。拉丁美洲国家的交通运输基础设施水平相对落后，物流成本非常高，在商品价格里的占比高达35%，比中国的物流成本高1倍。随着中国大力推行新基建，拉丁美洲国家现已开始有意识地学习中国相关方面的经验，这将为中国新基建企业带来新机遇。

拉丁美洲国家互联网相关行业的渗透率比较低，尤其是在电商和支付领域，与中国相比差距较大。拉美国家发展数字经济的瓶颈主要在于，此前模仿欧美国家的数字经济发展模式，出现“水土不服”的问题，未能使欧美国家的模式落地生根。同时，拉丁美洲国家的数字信息技术水平较低下，相关研发人员的能力也不足。

拉丁美洲国家已逐渐认识到中国在新基建领域的优势，并开始从中借鉴经验。例如，一些拉丁美洲公司通过移动支付学习金融服务、产品布局和大数据风控。又如，墨西哥的线上超市和生鲜配送平台 Jüsto 参考、借鉴中国“每日优鲜”的做法，积极布局前置仓等分散式的仓储物流机制。

从全球范围的产业布局考虑，拉丁美洲国家可以成为中国的一个投资选择，因为拉丁美洲国家是一个新兴的科技生态，需要更多来自中国的数字化服务和产品。

从宏观层面上看，近年来，国际大宗商品价格走低、贸易低迷、金融市场动荡不断。拉丁美洲国家持续遭遇经济负增长，经济结构调整压力不断加大。拉丁美洲各国急切期望实现经济发展多元化，提升新基础设施水平，加快数字化发展。而中国新基建企业能为这些国家提供所需的服务和支持。

从微观层面上看，横跨南美洲大陆，连接太平洋岸和大西洋岸的 5 000 千米巨型基建项目“两洋铁路”将会在近期开工。“两洋铁路”项目一旦建成，将打破巴拿马运河的跨洋物流垄断地位，成为连接太平洋和大西洋的陆上通道，推动拉丁美洲国家交通网络的发展，降低物流成本，促进拉丁美洲融入亚太经济圈，加快太平洋两岸互联互通，这将对全球运输业和贸易格局产生深远影响。“两洋铁路”的修建将有可能形成“两洋铁路经济走廊”，这将吸引中国新基建企业前往投资。

中国新基建企业要进军拉丁美洲市场首先需要清楚自身的实力才能扬长避短；其次需要有明确的意图才能坚定投资的信心；最后，需要了解拉丁美洲国家的切实需求才能有针对性。

要鼓励中国新基建企业投资拉丁美洲国家，中国政府应进一步出台一系列相关措施。一是信息支持，政府可以为中国新基建企业提供被投资国整体投资环境及个体产业状况等数据；二是后援支持，对于缺乏资金、技术的中小企业，政府可考虑制订专门的支持计划，不仅提供资金及各种实质性协助，也提供对于投资前市场调查等补助，力求全方位协助中国新基建企业“走出去”。同时，投资拉丁美洲国家也需要考虑当中的政治因素。

因此，中国新基建企业要想在拉丁美洲国家投资，既不能被市场情绪所左右，又要权衡长期效益，这样才不会陷入进退两难的困境。

如今，拉丁美洲国家的经济开始逐渐稳定，并呈现加速趋势。在这个趋势之下，拉丁美洲国家只有紧跟时代发展潮流，努力寻求合作和发展的机遇，才能发挥自身的优势，稳步向前。

3. 东盟国家新基建——与中国合作共赢

与中国大力发展新基建不同，东盟国家推动新基建发展的速度并不快。例如，智能手机在东盟市场起步较晚，功能机在东盟各国的市场占有率仍然较大，且 3G 网络仍是东盟国家的主流移动通信网络，使用比例高达 44%。网速慢、网络时延高不仅影响了外商的投资，也降低了数字经济助力东盟各国经济发展的速度。

随着中国大力发展新基建，中国新基建企业的身影出现在全球各国和地区，而东盟国家就是中国的主要投资市场之一。笔者将以东盟国家缅甸为例，探讨中国新基建在东盟国家的机遇和挑战。

选择缅甸作为例子，首先是因为在 2020 年 1 月，国家主席习近平出访缅甸，与缅甸领导人达成构建“中缅命运共同体”的重要共识，为缅甸未来经济的发展注入强大动力。其次，笔者之一（梁海明）曾先后三次前往缅甸实地调研，对缅甸发展新基建的情况较为了解。再次是因为缅甸曾经是英国的殖民地，且日本在缅甸也有大量的投资，中国新基建企业到缅甸投资，将会与英国、日本的投资者展开激烈的竞争，这也是中国新基建企业到东盟国家投资普遍要面对的问题。如果可以有效解决竞争问题，就可以把相关经验应用到对其他国家的投资上。

2013 年左右，缅甸的手机上网费用非常高昂，缅甸仰光国际机场有几家专向国际旅客出售手机 SIM 卡的专卖店，一张可上网的 SIM 卡，价格高达 500 美元，这让众多外国游客非常吃惊。2017 年左右，笔者前往缅甸调研，同样一张可上网的手机 SIM 卡，价格已经下降到每张 10 美元。该卡有效期为 7 天，可以无限上网和无限拨打缅甸国内电话。

出现这个变化是由于中国的电信设备企业、电信网络企业在缅甸提供移动网络服务之后，缅甸的移动网络不再被欧洲电信运营商垄断。此外，中国各类品牌的智能手机进入缅甸，已经有超过 80% 的缅甸民众拥有了智能手机，这为缅甸发展新基建和数字经济奠定了良好的基础。

缅甸政府在 2019 年开始规划发展数字经济的蓝图，例如，开发电子商务、数字支付系统和数字市场，利用现代信息通信技术为纳税人提供服务，为偏远地区的学校提供互联网连接以及成立数字经济部门等。这些措施已经提上了缅甸政府的施政议程。由此可见，缅甸政府已开始借鉴中国的经验推进新基建，发展数字经济，从而促进缅甸的科技进步和经济向前发展。

缅甸对中国的了解程度，让笔者相信缅甸在发展新基建的过程中，已把中国当作重要的合作伙伴。笔者在缅甸进行调研期间，发现缅甸政府官员、商人非常了解中国的情况。他们不仅对中国改革开放以来的政策颇有研究，部分人还对中国新基建的发展历程了如指掌，甚至知道其中有哪些政策和经验是缅甸可以借鉴的。另一个非常有趣的现象是，在大部分东南亚国家的四星级或五星级酒店里，基本上只能看到中文国际频道（CCTV-4）及凤凰卫视，但在缅甸的酒店里，还可以看到中央电视台财经频道（CCTV-2），这个频道专门报道中国的经济政策、经济情况和经济发展趋势。

中国虽然在缅甸拥有不少优势，但中国新基建企业要想在缅甸投资，仍会面临激烈的竞争和挑战。

缅甸同样是日本企业的重点投资对象。东盟秘书处发布的数据显示，2014 年，日本已是东盟十国的第二大投资者，仅次于欧盟。且日本一直把缅甸看作中南半岛具有重要地缘战略意义的国家，会持续对缅甸进行投资，过去 5 年日本企业在缅甸的数量增长了 6 倍。

那么，为何日本企业对包括缅甸在内的东盟国家的投资持续加大？笔者认为至少有以下几个原因。

第一，日本企业也要“走出去”。日本经济“迷失二十年”，增长乏力，且国内人口老龄化和人口萎缩严重，日本企业一直在邻近的亚洲其他国家寻找投资机会。而东盟国家发展潜力较大，劳工成本低，这对日本企业的吸引力很大，加之日本储蓄过剩，多余的资金能够流入东盟市场并持续增长。

第二，日本希望重塑角色。日本政府推动企业加大对东盟国家的投资，带动东盟国家的经济发展，也是希望能够帮助日本重塑在东盟国家的形象，重建日本国民对未来的信心。

第三，东盟国家对日本技术有需求。快速发展的东盟国家对产业技术普遍存在巨大需求，亟须外力支持。东盟各国期待日本在投资的同时可以带去先进的技术和经营管理理念，提升东盟国家的产品质量以及开拓全球市场的能力等。

此外，许多西方国家也在进行合作，共同投资东盟国家，这无疑会使竞争升级。

在这种情况下，中国新基建企业要进入包括缅甸市场在内的东盟国家市场，就应积极考虑与日本和西方国家进行合作，共同投资缅甸。共同投资不仅有利于分摊投资风险，还可以减少各国企业之间可能出现的对抗，增加对冲、合作的空间。

4. 当中国新基建企业“走出去”遇到欧美企业“走出去”

中国新基建企业要想“走出去”，可以考虑与欧美国家深耕“第三方市场合作”。此举不仅能为中国和欧美国家培育新的经济增长点，还能促进作为“第三方市场”的发展中国家的新基础设施建设、科技进步和经济发展，从而助力全球经济可持续增长，并进一步践行中国倡导的“人类命运共同体”理念，为共建“一带一路”开辟新空间。

“第三方市场合作”是由中国首创的国际合作新模式，秉持“一带一路”建设“共商、共建、共享”的精神。第三方市场合作是在面对全球经济深度调整和下行压力冲击之下，通过发挥中国和欧美国家的各自优势，进行优化资源分配、释放潜在需求以及培育新就业机会和经济新发展的模式。并在尊重作为第三方市场的发展中国家意愿的前提下，中国和欧美国家合作投资发展中国家的新基础设施、能源、交通和金融行业等领域，以此促进发展中国家加速工业化进程、经济发展和社会进步，实现多方互利共赢。这一模式于 2015 年 6 月在中法两国联合签署的《中法关于第三方市场合作的联合声明》中正式提出。此后，包括英国、荷兰、德国等欧洲国家在内的 20 多个发达国家都积极参与了“一带一路”第三方市场合作。

从经济学角度来看，深耕“第三方市场合作”对于西方国家而言是一场“及时雨”。这至少有以下三个原因。

一是因为以往西方企业在发展中国家的投资模式单一，或利用东道国的比较优势，或绕过关税或非关税壁垒进入并占领市场。但随着时代的变迁，尤其是面对新兴国家如中国也开始在发展中国家投资，西方企业的这种投资模式已不再符合新时代发展的要求且容易导致恶性竞争。西方企业亟须做出改变。

二是因为西方国家经济已高度发达，生产要素的边际回报出现了递减现象，导致整体成本上升。因此，西方发达国家的企业如果要进一步扩大生产规模，就会出现“规模不经济”的问题。对此，西方企业有理由将其生产要素向发展中国家输出，以此产生“扩散效应”。从理论上看，此举既可以为发展中国家带来就业机会，促使经济增长，发展中国家又可反过来进一步促进西方发达国家的出口、就业以及经济复苏和发展，从而形成一个良性循环。但实际上，西方发达国家的企业虽拥有先进的技术和管理经验，但其高昂的成本使价格也随之高涨，这并非发展中国家所能负担的；但和产品、服务价格相对“物美价廉”的中国企业进行“第三方市场合作”，则可以优势互补、互利共赢，既解决了成本高昂的问题，又避免了恶性竞争。

三是因为中国和西方企业的合作已经具备良好的基础，继续深耕“第三方市场合作”的时机已成熟。实际上，不少西方企业早已参与“一带一路”建设，并获益颇丰。

以德国西门子公司为例，数据显示，截至 2017 年，西门子公司已与中国能源建设集团、中国电力建设集团以及中国石油天然气集团等上百家央企，在“一带一路”的电力、油气与化工、矿山与工业等投资领域展开了合作，获得了巨大的商机。2017 财年（2016 年 10 月 1 日至 2017 年 9 月 30 日），西门子公司在中国的总营收达到 72 亿欧元，比 2014 财年增长了 12%，增速是 2011—2014 财年的 15 倍。又以瑞士的 ABB 集团为例，ABB 集团与中资企业的合作遍布“一带一路”沿线国家，先后参与了厄瓜多尔辛克雷水电站项目、孟加拉国巴库 275 兆瓦火电项目和安哥拉索约联合循环电厂等项目。仅在 2016 年，ABB 集团已为 400 多家中资企业提供咨询、设计、工程、制造等服务，并协助中资企业解决了不同国家和地区设计标准和行业规范差异化等问题，降低了项目成本和工程风险。

不少美国跨国企业也已参与“一带一路”建设。如美国高速列车减震器生产商 ITT Inc.，与作为全球最大轨道车辆制造商的中国中车签订供应协议，参与中国中车在“一带一路”沿线国家的相关项目。ITT Inc. 在亚太地区获得的收入已占其在 2016 年全球总收入的 12%。

与西方国家企业深耕“第三方市场合作”，不仅有利于推动中国新基建产业“走出去”，还有利于中国产业链升级。这不仅有利于分摊投资风险，还能增加合作空间，促进“一带一路”的建设。

“第三方市场合作”有利于中国产业链升级。作为世界第二大经济体，中国的经济已经从工业化初期阶段发展到工业化中后期阶段，中国的新基建产业取得长足发展，产业门类齐全、产能优质，但其产业链地位、核心技术水平与西方国家相比，暂存有差距。而西方国家拥有的先进技术、管理理念和生产设备，却因为本土高昂的生产成本较难被有效利用。对此，将西方国家的先进技术、管理理念，中国的优质产能与“一带一路”沿线的发展中国家和地区相结合，不仅满足中国优质产能“走出去”的需要，也可以通过发展中国家扩大中国与西方跨国企业的合作，通过“干中学”机制，实现技术水平提高和产业链向中高端水平迈进的需要。

“一带一路”沿线的发展中国家和地区是“第三方市场合作”的最大受益者。“一带一路”沿线的众多发展中国家和地区仍处于新基建发展的初期阶段，基础设施、数字化和城市化水平较低，高新技术水平较为落后。这些国家虽然蕴含丰富的自然资源，但却非常缺乏资金，不能满足经济发展的需要，因此亟须新型基础设施、高新技术产业、装备产能和投融资等外部支持。

对于这些发展中国家和地区而言，来自中国和西方企业的新基建产品、制造能力、制造技术以及管理理念，不但可帮助其获得性价比更高的装备与工业生产线，同时还能推动先进技术和管理人才的培养。这对于提升发展中国家和地区自身技术水平和研发能力至关重要，是其加速转型升级的更优选择，更是其致力于数字化、工业化、城镇化、现代化建设的关键。

尤其是在新基建领域，不少“一带一路”沿线的发展中国家和地区基础设施薄弱，严重影响了其对外贸易，不利于就业增长。根据国外研究机构的数据，如果铁路能够连接所有出海口，就可提升“一带一路”沿线发展中国家至少 2.8%的出口量。如果一个国家和地区在基建上能增加相当于 1%的 GDP 投入，就可直接或间接增加超过 100 万个就业岗位。在这种情况下，由于中国的基建已具有完备的上下游产业链，且海外基建工程经验也较为丰富，若能进一步结合西方发达国家企业在国际基建项目可行性论证、规划实施、风险管控、后期整合运营等经验，进行“第三方市场合作”，不仅可以从硬件上改善发展中国家的对外贸易和投资环境，推动其经济发展，还能让国内民众有更多的就业机会，获得实实在在的好处。而且，完善的新基建措施也能让外国投资者从中受益，实现多方共赢。

综上所述，中国与西方国家深化开展“第三方市场合作”是对国际合作模式的新突破。该合作模式符合当前国际经济形势下不同发展阶段的国家和地区的发展诉求，为推动全球各国、各地区开展多边合作提供了新的范本。相信未来的“第三方市场合作”将继续秉持“共商、共建、共享”的理念，进一步推动中外企业通过联合投标、共同投资等的创新合作模式，开拓新的市场，实现优势互补，多方共赢。此举对于推进“一带一路”建设，构建“人类命运共同体”，实现全球共同发展具有深远的意义。

参考文献

王玉柱，2018. 数字经济重塑全球经济格局：政策竞赛和规模经济驱动下的分化和整合［J］. 国际展望，4：60-79.

孙英兰，2019. “新基建”带来新机会［J］. 瞭望，11：30-31.

袁宝国，2020. 新基建：数字经济重构经济增长新格局［M］. 北京：中国经济出版社.

闫慧，2011. 数字鸿沟研究的未来：国外数字不平等研究进展［J］. 中国图书馆学报，4：87-93.

盘和林，贾胜斌，张宗泽，2020. 5G 新产业：商业与社会的创新机遇［M］. 北京：中国人民大学出版社.

涂子沛，2012. 大数据：正在到来的数据革命［M］. 桂林：广西师范大学出版社.

后　记

我是新基建的获益者

科技经济学是我的研究领域之一。我之所以致力于科技经济学的研究，是因为通过新基建中的人工智能、大数据等方式研究金融、政治、“一带一路”等问题，相当有趣，而且对我的研究帮助很大。

例如，通过人工智能来研究金融世界就非常有趣。可以通过大数据让机器学习，从而找出有效因子帮助我们分析金融市场的波动。通过这种方法，我发现2020年发生的全球金融市场的波动和2008年全球金融危机变动的轨迹类似：都有大型交通股几近破产的现象（2008年的是通用，2020年的是波音）。而且，在两次全球金融危机中，很多国家政府都采取同样的“印钞票”策略，投资者均抛售类型相似的股票。

在此期间，虽然欧美股市大跌，但中国股市在某些时段却上涨了，尤其是白酒等板块。这到底是什么原因呢？我通过机器学习大数据发现，股价上涨和市场情绪有关。中国股市中有70%是个人投资者（散户），大多数人根据他们的投资经验（或者说是情绪），几乎每个星期都会换一个投资板块。

如果能够通过机器学习掌握个人投资者的这种规律，那么我们就可以提前部署：在个人投资者买入之前买入，在他们卖出之前卖出。相信这样操作可以获利颇丰。这也许就是人工智能的有趣之处。

通过机器，我们不仅可以分析金融市场的走势，也许还可以预测总统大选结果、中美贸易走势等。例如，分析总统大选结果的一种方式，是根据大数据建立一个模型，把各种变量输入这个模型，再加上相关的历史事件，由超级电脑自己学习，找出有效因子，以此分析成功或失败的百分比。

当然，不可否认，人工智能最大的问题就是过度拟合，如果用来做训练的数据很少，加上每次都是不同的环境，得出的分析结果就会有偏差。这时候，就要根据人的智慧和经验，以及学科交叉的知识进行判定了。毕竟，懂大数据的学者，未必懂人工智能；懂人工智能的，未必懂经济；懂经济的，未必懂国际关系；懂国际关系的，未必懂选举政治。只有把相关领域的学者聚集起来，才可以做一些有趣的、特别的事情。

我们的研究团队聚集了各类人才，正在进行着这些有趣的、特别的研究，未来我们还将继续。在这个过程中，我们获益良多，有不少成功案例。我们对一些香港问题的研究，以及对“一带一路”和海南自贸港的研究，均得出了与众不同的结论。由此可以看出，只要大家紧紧把握住新基建时代带来的新机遇，未来就有无限可能。希望大家都能成为新基建的受益者。

如果读者朋友们对这个领域有兴趣，欢迎继续留意我们未来的相关研究，也非常期待各位读者对本书的反馈。

我的联系方式是：archie0706@hotmail.com，欢迎随时联络我。

梁海明

2020年6月于香港